Dating,

la grande illusion

ISBN : 978-2-7029-2975-9

www.editions-tredaniel.com
info@guytredaniel.fr
www.facebook.com/tredaniel.bienvivre
@tredaniel_bienvivre

ANISSA ALI

Dating,
la grande illusion

Sortir de la spirale
des rencontres superficielles
et créer de vraies relations

LE COURRIER DU LIVRE
27, rue des Grands-Augustins
75006 Paris

SOMMAIRE

INTRODUCTION

Dites, à quel moment a-t-on vrillé pour que les relations amoureuses soient un bazar monumental ?

Pourtant, à notre époque c'est si facile, on a juste à faire glisser son doigt sur un écran pour découvrir toutes sortes de conseils sur les relations : des « 8 techniques imparables pour le ou la rendre accro », des masterclass pour « manifester la loi de l'attraction », et même des tutoriels pour « récupérer son ex ». Nos feeds Instagram débordent de vidéos qui idéalisent la vie de couple, et de love coachs qui nous jurent de nous caser en quelques semaines. Et avec les applis de rencontres, c'est comme un buffet à volonté : il y a toujours quelqu'un de nouveau au menu.

Fatigués de tout ça ? Que nenni, on continue à scroller, on scrute, on se compare, on se fait des nœuds au cerveau, on se prend des vents, des murs, parfois on se fait ghoster, puis on doute de sa valeur. Le pire dans tout ça, c'est qu'on y perd un temps fou ! Puis on y revient chaque jour, comme des hamsters coincés dans une roue. La réalité, c'est qu'on est plus nombreux que jamais à être en galère dans notre vie amoureuse.

Ironiquement, nous vivons à une époque où nos conditions de vie sont meilleures que jamais ; et pourtant, nous pourrions être tentés de croire que cette période est l'une des plus difficiles en matière de relations…

Drôle de paradoxe ! On carbure 7/7 aux écrans et aux réseaux dits « sociaux », et pourtant qu'est-ce qu'on se sent seuls… dans notre quête de l'âme sœur, la fameuse ! Ces applis nous vendent l'illusion qu'elle est à portée de *swipe*[1], mais souvent, derrière chaque match, les échanges sont aussi croustillants qu'un Oreo détrempé dans du lait. À force de se gaver de contenus sur les réseaux, on devient expert du love en version théorique. Mais alors, appliquer tout ça en vrai…, c'est la lose totale ! Allez, venez, on en parle.

Je suis moi-même le produit de tout cela. J'ai personnellement été catapultée dans le monde du dating moderne après avoir enchaîné des relations de longue durée depuis l'âge de 14 ans. J'ai grandi dans les années 1990, connu mes premiers Nokia au début des années 2000, et j'ai rencontré l'homme de mon existence sur Bumble en 2023, même si je n'aurais jamais parié un kopeck sur cette probabilité. Me retrouver à rechercher l'amour sur une appli de rencontres était un symbole de défaite.

Dieu bénisse Bumble de m'avoir aidée à passer du côté des « vainqueurs ».

Avant lui, pendant trois ans, j'ai été une vraie galérienne de l'amour. J'ai dû me suradapter à des codes et usages qui m'étaient aussi peu naturels qu'absurdes, tout à fait contraires à mon parcours autodidacte en éducation sentimentale d'ex-adolescente des années 2000.

Choisir un partenaire sur catalogue, comme on choisit un muffin dans la vitrine d'une pâtisserie, parler des heures voire des jours à des inconnus sans la garantie de se rencontrer, puis recommencer plusieurs fois, expérimenter les déclarations d'amour démesurées dès le premier *date*, avec des disparitions du jour au lendemain (sous prétexte qu'« on ne se doit rien »), les comportements contradictoires soufflant le chaud et le froid, les silences radio avec retour des semaines après, et aussi le sentiment de me sentir comme un numéro interchangeable... Bref, Mesdames Messieurs les célibataires, ON EST ENSEMBLE.

J'ai aussi découvert une néo-langue propre à cette nouvelle ère de l'amour, accompagnée d'une nomenclature des relations si étoffée qu'elle en devient presque déroutante. Tout un jargon spécifique reflétant des dynamiques relationnelles si précises qu'elles méritent d'être décortiquées. On parle désormais de « pré-couple », où l'on flirte sans s'engager vraiment ; de *cushioning*, cette manière de garder des options en « coussin » par peur d'être seul ; ou encore de *situationship*, cette zone floue où l'on navigue entre l'amitié et la romance sans jamais réellement se définir. Ou encore, si je vous dis : « *breadcrumbing* », vous savez, cette technique où l'on sème de petites miettes d'attention pour garder quelqu'un sous le coude, tout en évitant l'engagement réel. Ça vous parle, n'est-ce pas ?

Et c'est avec stupéfaction que j'ai assisté à une nouvelle guerre des sexes fracassante sur les réseaux. Vous avez sûrement remarqué cette hostilité croissante, des mouvements *Girlboss* au mouvement *Redpill*..., une dualité alarmante où un ping-pong d'accusations, de reproches, de stéréotypes et de généralisations radicales semble avoir pris le pas sur des discussions constructives.

Certes, on vit une époque formidable, plutôt fascinante, qui nous donne la possibilité de revisiter nos relations et de les réinventer. Mais à y regarder de plus près, en un rien de temps (moins de dix ans), les rencontres, l'amour et le sexe sont devenus un marché comme un autre, sous l'impulsion du capitalisme. Et c'est tout un système qui nous a amenés à instaurer par nous-mêmes – comme des grands – de nouveaux codes relationnels qui ne font pas que du bien à nos vies modernes. Félicitations à nous tous : nous avons réussi à normaliser le fait d'appliquer des processus industriels au domaine émotionnel. Nous avons même créé un nouveau genre : le *liquid love*[2]. Et cela n'est pas sans conséquences sur notre santé – mentale comme sociale.

Pour autant, j'estime qu'il n'y a pas de fatalité et que nous ne sommes pas victimes du capitalisme relationnel que nous avons façonné, alimenté et inconsciemment adoubé, façon servitude volontaire. Pour poser un peu le décor.

Sans vouloir enfoncer des portes ouvertes, force est de constater que ce nouveau paradigme des relations profite principalement à des multinationales comme Tinder, qui s'enrichissent quotidiennement sur la misère amoureuse de millions d'utilisateurs captifs partout dans le monde. Et comme ce ne sont pas des entreprises à mission sociale, il se trouve qu'une infime proportion d'utilisateurs trouve réellement l'amour et l'épanouissement sentimental sur ces canaux. Dans mon quotidien de thérapeute, je vois et entends davantage de personnes souffrir de ce nouveau marché de l'amour que s'en épanouir. Et des études récentes révèlent que, malgré leur utilisation accrue des applications de rencontres, les jeunes éprouvent souvent une solitude plus profonde, un bien-être émotionnel en déclin, et des taux d'activité sexuelle significativement plus bas que les générations précédentes…

Et si on trouvait des remèdes à tout ça (ou qu'on changeait tout ça), ce serait pas mal, non ?

Je veux bien admettre que parfois la vie, c'est claqué et que l'humain est doté de biais de négativité puissants ; pour autant, nous disposons de toutes les ressources pour les contrer et muscler les biais antagonistes.

Par cet ouvrage, je veux simplement, à travers mes trois postes d'observation, vous amener à faire un tour de piste exhaustif des relations à l'ère du *capitalisme amoureux*, à prendre du recul, à comprendre quels comportements sont à déconstruire, à regarder le phénomène autrement et à tenter d'apporter des premières pistes de solutions à ce que l'on pourrait qualifier d'« ère sentimentale au bout du rouleau ».

Le premier poste est celui d'une femme née à Paris, hétéro, sans enfant – par choix, pour le moment –, qui déteste à la fois les étiquettes et les cases (je trouve qu'elles opposent plus qu'elles ne rassemblent), ni féministe ni masculiniste, d'aucun bord politique ni religion affirmés, pas propriétaire, aucun crédit sur le dos, une empreinte carbone bien en deçà de la moyenne – *ouais, ouais, je la calcule* – et je ne suis pas pour autant écolo. Je fais mes courses chez LIDL, je n'ai jamais vu *Game of Thrones*, je n'ai même pas de TV ni de Netflix, et je ne peux pas me cantonner à un seul métier… En un sens, je me sens un peu inclassable, et c'est le cas de bon nombre d'autres personnes. Enchantée !

Le deuxième est celui d'une thérapeute conjugale-familiale qui écoute les souffrances des jeunes adultes dans leurs relations, puis les outille pour les aider à changer ce qu'il y a à changer, pour vivre une existence plus épanouie.

Le troisième est celui d'une baby entrepreneure idéaliste qui questionne le monde, avec le rêve d'apporter des solutions en faveur de plus de connexion et de profondeur dans nos liens, à une époque où l'hyperconnexion a fait régresser la qualité de nos relations.

Mes pensées et mes propos seront certes parfois teintés d'inquiétude, de critique et de cynisme. Tantôt ils seront remplis d'espoir, de foi en l'humanité et d'orientation solution. Vous et moi : même combat. Outre nos réflexions, galères et constats partagés (ou pas), vous trouverez dans cet ouvrage des outils pratiques à mettre en place pour engager un dialogue constructif, pour reprendre la pleine responsabilité de l'harmonie de vos relations, dans le respect de vous-même et d'autrui.

Puisque j'aime à penser que nous nous trouvons dans une époque transitoire, où nous expérimentons un cycle d'excès avec la montée du capitalisme amoureux, j'ose espérer que la prochaine étape sera celle d'un cycle de correction, de régulation, de modération, pour rétablir un certain équilibre. Que toutes nos galères sentimentales réunies servent à quelque chose !

Je vois bien que beaucoup de personnes se posent un tas de questions, cherchent du sens. Étant donné que nous avons tous été catapultés dans la vie sentimentale sans mode d'emploi, je propose que nous créions nous-mêmes notre propre programme d'éducation civique et sentimentale. Alors est-ce que ça vous chauffe qu'à travers cet ouvrage nous posions les bases d'un mouvement d'éducation relationnelle à destination de tous : de nos potes, des parents, des adolescents, des écoles et de toutes les cellules familiales ?

Si on partait en campagne pour créer un guide Michelin du respect, et des bonnes pratiques relationnelles pour réapprendre à aimer ?

PARTIE I

INTROSPECTION COLLECTIVE : NOS BIAIS COLLECTIFS QUI NOUS METTENT « LA TRONCHE EN BIAIS »

CHAPITRE 1

Le célibat est-il en train de devenir le nouveau modèle de relation ?

> « Parfois, je pense avoir ressenti tout ce que je pourrais jamais ressentir. Et à partir de maintenant, je ne ressentirai plus rien de nouveau. Juste des versions moindres de ce que j'ai déjà ressenti. »

— **Theodore Twombly, dans *Her***

Nous aspirons et nous désirons tous la connexion. C'est un élan humain vital ancré dans notre biologie et dans nos programmations ancestrales.

Il est connu que la connexion amoureuse joue un rôle crucial dans notre bien-être émotionnel et mental, en activant des mécanismes de récompense dans le cerveau.

Lorsque nous sommes en présence de personnes avec qui nous partageons une connexion profonde, notre cerveau libère des neurotransmetteurs tels que l'ocytocine et la dopamine, qui favorisent le sentiment de bonheur et de sécurité. Ces réactions neurochimiques renforcent les liens affectifs et le désir de connexion amoureuse.

Du point de vue de la psychologie, la recherche[3] soutient également l'importance de la connexion amoureuse pour satisfaire le besoin d'appartenance, d'estime de soi, d'intimité émotionnelle et de soutien social. Le sentiment d'être aimé, compris et soutenu par un partenaire intime est essentiel pour notre santé psychique et émotionnelle.

Pour autant, je constate que la jeune génération (la génération Z[4]) et nombre d'individus de ma génération (la génération Y[5]) semblent remettre en question l'intérêt, l'utilité et le sens de la connexion amoureuse et du couple.

À quoi bon se mettre en couple à notre époque, me direz-vous ?

Encore plus quand on a accès en illimité aux rencontres du bout des doigts 24/24, au sexe facile grâce à des relations « fast-food », ou aussi à la pornographie en illimité, au passage…

« Je ne veux pas de gamin avant mes 40 ans. »
« Je ne veux pas d'enfant, c'est que des contraintes ! »
« Pourquoi se fixer avec une seule personne ? »
« Pourquoi se contraindre à être exclusif ? »
« Je peux rencontrer une nouvelle femme chaque jour sur Tinder, pourquoi me priver ? »
« Je ne recherche que du sexe. »
« Je suis juste à la recherche d'un feeling. »
« Le couple, c'est la prison. »
« Le couple, merci, j'ai assez donné. »

« Plusieurs partenaires, c'est mieux qu'un seul ; ça évite la dépendance et les déceptions. »

Ce ne sont que quelques bribes de témoignages de jeunes adultes entre 22 et 38 ans, que j'ai recueillis dans le cadre de mes consultations.

De #MeToo et #Balancetonporc, qui ont mis en lumière les violences sexuelles faites aux femmes, au level up de la mouvance féministe qui secoue le modèle de société patriarcal, il semblerait que le modèle de la vie en duo en ait pris un coup. En particulier chez les jeunes des générations Y et Z (oui, vous et nous), qui s'éloignent de plus en plus de l'idée (croyance ou injonction ?) selon laquelle le couple, « c'est la base » pour être heureux dans cette société...

- Selon une étude ARTE/France Culture de novembre 2021, 82 % des 18-24 ans et 70 % des 25-39 ans estiment que l'on peut être heureux sans relation amoureuse.
- Et dans une étude intitulée « Single, Not Sorry », réalisée par l'application de rencontres Tinder en 2019 en France, citée par *Libération*, 74 % des 18-25 ans déclarent être célibataires par choix.
- 86 % des jeunes femmes pensent que l'on peut être parfaitement heureuse en dehors d'une relation amoureuse (contre 14 % des hommes). Comment expliquez-vous cela ?

Le célibat est de plus en plus tendance, et il porte même un nouveau nom : la « nomance[6] ».

Il semble être devenu un choix conscient, voire un art de vivre. La « liberté » et le *self love*, avant d'envisager une relation.

Après tout, au regard de la psychologie moderne et du bon sens commun, ne convient-il pas de commencer par s'aimer soi-même, se chérir, vivre en indépendance émotionnelle, avant de créer des relations de qualité ?

Affirmatif, mon capitaine, et avec beaucoup de nuances. Nous y reviendrons.

Avec l'arrivée de Tinder et des réseaux sociaux au début de la décennie 2010, progressivement, un nouveau style de vie s'est érigé en idéal : la « liberté » de consommer des relations, comme on va au fast-food. Un mode de vie très libéral, ouvert et probablement enrichissant, qui pourrait aussi faire envie aux individus en couple longue durée, et aux plus âgés… Qui sait ?

Un mode de vie avec des relations aux pactes flous, qui semblent ringardiser les socles de valeurs des relations telles que je les ai expérimentées au tout début du XXIe siècle. (Je ne suis pas un fossile, malgré ce choix de vocabulaire.)

L'engagement et l'exclusivité sont-ils devenus vieux jeu ?

Lorsque j'étais lycéenne, dans les années 2000, les couples s'officialisaient lorsqu'ils s'embrassaient. On se disait alors : « On sort ensemble », puis l'histoire se développait. Chacun était concentré puis engagé dans la relation.

À l'époque, nous n'avions pas de smartphone, pas de réseaux sociaux, et il n'y avait qu'un seul ordinateur dans les foyers les plus privilégiés – souvent dans le salon ou dans le bureau d'un des parents.

De ce fait, nous nous rencontrions dans la vraie vie, avec une découverte de l'autre sur le « temps long », qui favorisait la curiosité pour l'autre, l'attachement, ainsi qu'un engagement « naturel », lorsqu'on avait le béguin l'un pour l'autre.

Puis, à l'ère des plus de 6 heures passées sur nos smartphones chaque jour, du relationnel consommable, des relations interchangeables et de l'illusion du choix infini, la notion d'engagement est insidieusement devenue un sujet d'angoisse pour nombre de consommateurs.

Le concept de « capitalisme amoureux » et son infinité de choix semblent avoir contribué à endommager nos capacités à nous projeter et à nous engager avec une seule personne. Tout en nourrissant des attentes toujours plus spécifiques et irréalistes en matière de relations.

En effet, l'abondance de choix conduit à une logique critériste et consumériste, où les individus sont désormais perçus comme des produits à évaluer, des consommables à comparer et à choisir.

Hélas, cette abondance artificielle crée une grande confusion, une véritable saturation cognitive.

En plus de scléroser nos capacités à choisir et à nous fixer sur une seule personne, le réservoir « infini » de partenaires potentiels que nous offrent les applis de rencontres et les réseaux apporte aussi son lot de dommages collatéraux, de travers et de déceptions.

Car chercher l'amour sur le marché du dating 2.0, c'est aussi – et surtout – se confronter aux risques :

- d'être en concurrence permanente avec des millions d'inconnu·es ;
- de ne pas être choisi·e ;

- d'investir du temps dans une conversation, puis de se faire ghoster ;
- de multiplier les conversations similaires qui restent en surface ;
- de ne pas pouvoir être soi, et de modeler ses comportements pour plaire ;
- de manquer quelque chose de mieux ;
- de l'échec, de la déception, du rejet, du mensonge ;
- d'être jugé·e instantanément sur photo et critères ;
- de ne pas avoir le temps de construire et développer des connexions profondes.

Vu de ma fenêtre de thérapeute, le marché de l'amour sur les apps et les réseaux est un système souvent basé sur l'humiliation. C'est un peu comme se retrouver soi-même en pleine vente aux enchères, avec un prix de départ tellement bas qu'on se demande : « Pinaise, mais qu'est-ce que je fous ici ? ! »

Et vous savez aussi bien que moi que l'être humain a la capacité extraordinaire de s'adapter à tout. Pour autant, cette capacité d'adaptation ne signifie pas que les conséquences sont toujours positives. Parfois, s'adapter peut entraîner une normalisation et une banalisation de conditions défavorables. Par exemple, certaines personnes peuvent s'habituer à vivre dans des environnements toxiques ou abusifs ; ce qui indique que s'adapter (ou se suradapter) n'est pas toujours synonyme de progrès…

Pour de nombreux jeunes qui sont entrés sur le marché de l'amour *via* des applications et *via* les réseaux, qui ont connu à répétition ces situations, tous ces facteurs ont contribué à endommager leur capacité à se montrer vulnérables, mais aussi ouverts à une véritable rencontre. Celle qui surprend, qui chamboule, qui transporte, qui se construit dans le temps et qui offre un espace pour être véritablement soi, dans toute son authenticité : sans contrôle, sans calcul, sans jeux de séduction biscornus. (Je ne parle pas de l'amour édulcoré à la sauce Disney, mais plutôt de l'amour réaliste – sauce piquante, parfois –, celui qui se révèle à l'épreuve du temps.)

Si l'on combine cela avec une société où le nombre de divorces et de séparations atteint des taux records, tant à l'échelle française que mondiale, des injonctions paradoxales dans la culture populaire qui érigent le couple idéal tout en normalisant la tromperie sous toutes ses formes, les trahisons et adultères ; et si l'on ajoute à cela un état d'esprit formaté aux gratifications immédiates, à la consommation rapide, et rejetant toute forme de frustration[7], ça donne une frange de population dont les capacités à se projeter et à s'engager avec une seule et même personne semblent nettement endommagées. Mais pas seulement, cela conduira également à une incapacité à naviguer à travers les défis relationnels de manière respectueuse et constructive.

Ces éléments constituent probablement l'un des plus gros dommages collatéraux du capitalisme amoureux de notre époque.

Fiche technique n° 1 : s'engager, c'est quoi au juste ?

Un job à part entière 🙂, une construction, un investissement, une proactivité, une conscience de soi et de l'autre..., qui implique un investissement émotionnel, physique et temporel mutuel dans le bien-être et l'épanouissement de la relation. Et surtout la capacité à se concentrer sur une seule personne !

Quelques éléments clés, caractéristiques de l'engagement :

1. Ressentir le désir de faire du bien à l'autre.
2. La communication honnête, claire et sincère, pour établir une compréhension mutuelle, une écoute attentive, pour résoudre les conflits et créer un environnement de confiance.
3. Consacrer du temps de qualité ensemble : apporter du soin au lien, prioriser et planifier des moments partagés, pour renforcer la connexion.
4. Exprimer de l'affection et de l'appréciation : montrer de l'amour, de la gentillesse, et exprimer sa gratitude envers son partenaire.
5. Prendre des initiatives et être acteur du lien.
6. Être fidèle : pilier fondamental de toute relation, créant un sentiment de sécurité et de stabilité.
7. Se soutenir mutuellement : célébrer les bons moments, les challenges, les réussites et se soutenir dans les difficultés.
8. Partager des objectifs et des valeurs : une vision partagée de la vie facilite les projections à long terme.
9. Prendre des décisions ensemble : impliquer son partenaire dans les décisions importantes qui affectent la relation ou le couple.

10. Faire preuve d'humilité et d'amélioration continue : faire des compromis, résoudre les différends de manière constructive, et investir du temps et des efforts dans la relation, chercher à comprendre et à soutenir la croissance personnelle de son partenaire.
11. Entretenir l'intimité : cultiver une connexion intime et émotionnelle, à travers la communication, la proximité physique et la complicité.

Fiche technique n° 2 : à quel moment évoquer cette notion d'engagement ?

Quand on s'est rencontrés sur une appli de rencontres ou sur les réseaux, l'engagement peut avoir une temporalité différente de celle d'une rencontre développée dans la vraie vie. Il est fréquent de constater que, en dépit de l'attirance et du bon feeling entre deux individus, les deux continuent de discuter et d'entretenir d'autres relations de séduction avec d'autres personnes.

Si cette éventualité devient gênante, si elle est source de tracas, et qu'au terme de quelques rendez-vous et semaines (je pense que l'on peut commencer à bien jauger l'affaire au terme de deux mois et demi ou trois mois de relation) l'un des deux ressent le souhait d'être « exclusif », je recommande la transparence et le « cartes sur table » :

- Poser des questions claires, simples, sur ce que l'autre ressent et envisage pour cette relation.
- Lui demander s'il (ou elle) entretient d'autres relations/conversations en parallèle.
- Lui exprimer sa gêne, et ce que vous voudriez qu'il se passe.

- Lui demander ce qu'il (ou elle) penserait si vous entreteniez vous aussi des relations et des discussions en parallèle.
- Lui exprimer ce que vous voulez vraiment.
- Laisser du temps à l'autre personne pour qu'elle prenne du recul (certaines personnes ont besoin de temps pour conscientiser une relation : ce qu'elle leur apporte, ce qu'elles veulent vraiment à ce moment de leur vie..., et ce qu'elles pourraient perdre aussi !).

Plutôt que de se manger le cerveau, je recommande de prendre les devants, de se responsabiliser pour avancer. Il ne s'agit ni de courage ni d'audace, mais plutôt d'honnêteté et de respect de soi.

Vous prendrez certes le risque que la personne vous exprime des attentes différentes des vôtres, mais vous saisirez la chance de gagner du temps et de l'énergie émotionnelle.

Et pour certains, ces discussions mèneront à une officialisation de l'exclusivité de la relation, qui est souvent un premier pas vers l'engagement (à notre époque).

Le couple est-il lui aussi devenu vieux jeu ?

De mon point de vue, aujourd'hui le couple fait l'objet d'un gros paradoxe.

D'une part, les applications de rencontres et les réseaux sociaux ont été des facteurs clés dans la désacralisation du couple « traditionnel » (celui qui se rencontrait au hasard de la vie, sans outils d'abondance relationnelle), en introduisant des changements significatifs dans la manière dont les individus entrent en relation, interagissent et perçoivent la notion de relation amoureuse :

- L'approche consumériste des relations : se choisir sur catalogue.
- La facilité de connexion instantanée, et de désengagement tout aussi rapide.
- L'illusion de l'abondance de rencontres illimitées = mentalité de « l'herbe toujours plus verte ailleurs ». Le bonheur n'est pas dans le couple mais dans la gambade.
- La mise en avant de l'apparence et de la performance, au détriment de l'authenticité et de la profondeur des relations.
- La normalisation des plans Q, des rencontres occasionnelles, qui induit une vision ultra-individualiste des relations amoureuses.

Ces facteurs – qui ont été progressivement normalisés en à peine une décennie – ont largement contribué à modifier l'expérience des relations amoureuses, vers davantage de consumérisme et de célibat assumé.

Pour autant, une force antagoniste subsiste et semble s'intensifier à notre époque : l'idéalisation du couple.

Le couple comme idéal de vie

Bien que l'on sache que le couple peut être une galère qui finit mal en général (1 couple sur 2 finit par se séparer dans les 5 premières années) ; encore aujourd'hui, être en couple, c'est exister socialement. C'est être vu et considéré comme désirable, voire respectable.

De nombreux sondages et études (Pew Research Center, Insee) montrent que, malgré l'augmentation du nombre de personnes vivant seules, une grande partie de la population exprime encore une préférence pour être en couple. La plupart des adultes croient que le mariage est important pour mener une vie épanouissante. Et l'idée que le fait d'être en couple est plus « respectable » persiste dans de nombreuses cultures.

Des données d'enquêtes montrent également que certaines personnes voient encore le célibat comme un état transitoire plutôt que comme une option de vie durable. Par exemple, une étude menée par Ipsos en 2018 a révélé que 38 % des participants estimaient que les célibataires sont souvent considérés comme moins stables socialement et émotionnellement par rapport à ceux qui sont en couple.

Les clichés et les stéréotypes semblent avoir encore de beaux jours devant eux…

En outre, il semble qu'à notre époque le couple soit aussi devenu une valeur refuge : on espère y être guéri, sauvé, consolé, réparé…

Il peut aussi devenir une entreprise à part entière, comme l'illustrent parfaitement les success stories d'influenceurs fitness, lifestyle, ou encore des couples d'acteurs, des candidats de téléréalité, qui partagent leur quotidien sur les réseaux (pour le monétiser, rappelons-le…). Difficile, je vous l'accorde, de dénouer le vrai du faux dans ce qu'ils nous montrent, tant ils sont prêts à feindre un bonheur parfait, et – mieux – à nous vendre leurs placements de produits.

Pourvoyeur de bien-être, le couple est devenu, lui aussi, un outil pour répondre à nombre de nos besoins existentiels :

- Il y a ceux qui veulent se rassurer qu'ils sont dignes d'être aimés.
- Ceux qui veulent prouver à leurs potes, à leurs parents et à la terre entière qu'ils peuvent réussir là où d'autres ont échoué.
- Ceux qui y trouvent un cocon réconfortant et protecteur, pour contrebalancer les inquiétudes de la vie.
- Ceux qui donnent un sens et une consistance à leur vie par l'image du couple qu'ils renvoient.
- Ceux qui répondent aux injonctions extérieures de la famille et de la société[8].

En dépit de la banalisation du consumérisme amoureux, en dépit des témoignages et de la tendance des « couples libres » (encore une nouvelle douille pour nommer le vagabondage sauvage ?), de la peur de l'engagement... Plus de 3 jeunes sur 4 de la Gen Z rêvent de se marier, de fonder une famille et d'aimer la même personne pour la vie. Contre toute attente, les jeunes continuent à rêver du grand amour, au sein d'une relation monogame exclusive !

Il semblerait que le fantasme du couple et des sentiments soit amplifié. Comme si les besoins primaires de proximité et de connexion émotionnelle restaient plus forts que les conditionnements culturels, l'influence des applis de rencontres et des réseaux sociaux...

Je vous le donne en mille : du point de vue des sciences humaines, nos besoins d'intimité émotionnelle sont profondément enracinés en nous, comme des programmations innées, héritées de notre évolution. Depuis la petite enfance, ces désirs pour des liens authentiques jouent un rôle crucial dans notre développement et notre bien-être. Peu importent les influences culturelles ou technologiques que nous traversons, cette quête d'affection et de connexion demeure universelle. Même à l'ère des réseaux sociaux et du capitalisme relationnel, notre cœur continue de rechercher ce qui est véritablement précieux : des relations sincères qui nourrissent notre humanité. Et si l'essence même de notre existence résidait dans cette recherche d'amour et de liens privilégiés ? Vous avez quatre heures...

Une génération qui fornique moins

Sexualité partout... et baise nulle part. Docteur, c'est grave ou c'est comment ?

Ces dernières années, une tendance s'est dessinée en France et dans de nombreux pays dits « développés économiquement », un phénomène sociologique que certains appellent la *sex recession* : les jeunes feraient beaucoup moins l'amour.

En 2006, en France, 5 % des 18-24 ans n'avaient pas eu de relations sexuelles au cours des douze derniers mois. Aujourd'hui, ils sont près de 30 %. Et cela n'est pas une exception française, puisque la tendance est similaire aux États-Unis et au Japon.

D'après vous, pourquoi les jeunes font-ils moins l'amour dans une époque hypersexualisée, hyperexposée à la pornographie, et ambiancés qu'ils sont de toutes parts à la surconsommation relationnelle ?

Hyperconsommation (de tout) et overdose ? Individualisme accru ? Santé mentale en péril ? Impact des nouvelles technologies ? Impact du phénomène #MeeToo ? Crise économique et précarité ? Saturation culturelle ? Pression sociale à performer partout ? Rêve de nouvelles manières de « relationner » ? Ou encore : difficultés profondes à entrer en relation avec l'autre ? Tout ça à la fois ?

Le calcul est simple : 0 + 0 + 0… = zéro libido.

Le sexe est toujours un choix, et, comme l'amour, il est politique. Et si la « génération no sex » était le symptôme d'un repli en réaction à des codes, à des représentations des relations et de la sexualité que nous aurions tout intérêt à déconstruire (pour mieux redéfinir puis reconstruire) ? En somme, les prémisses d'une révolution silencieuse…

Les cartes des rapports amoureux sont rebattues à tous les niveaux. Vous sentez le vent tourner ?

Aparté

JE NE PENSE PAS QUE LA ROMANCE, C'ÉTAIT MIEUX AVANT

Je ne fais pas partie de ceux qui pensent que c'était mieux avant. Je crois même qu'en lisant un peu de littérature ancienne, en ouvrant des manuels d'histoire, en discutant avec des grands-parents et en s'interrogeant sur les défis systémiques de l'époque, il est possible de constater que chaque époque a son lot de galères dans les relations amoureuses et maritales. À mon humble avis, les dynamiques relationnelles anciennes sont intensément fantasmées à notre époque. Aussi, je me pose les questions suivantes :

— Aurais-je aimé être en quête de l'amour dans les années 1920 ? Je ne pense pas.

– Aurais-je eu la liberté de prendre mon temps, de vivre différentes expériences de couple pour savoir ce qui me correspond en amour ? Aurais-je eu la liberté de privilégier mes expériences professionnelles au lieu de m'engager dans une vie maritale (sous une pression sociale maximale) ? Probablement que oui, mais à quel prix ?
Ce que je sais, pour sûr, c'est que je n'aurais aucunement souhaité être cantonnée à l'injonction des rôles sociaux de mère et d'épouse attendus de moi, avec une vie sous la tutelle d'un mari probablement traumatisé après avoir vécu la guerre. Rien que ça.
– Et dans les années 1950 ? Sans façons.
Le prétendu « goal de la femme au foyer » à la mode à cette époque masquait en réalité un carcan suffocant. Les opportunités d'éducation et de carrière étaient excessivement limitées, piégeant les femmes dans une vie de sacrifices. Les violences conjugales étaient banalisées, acceptées ; et le viol conjugal n'était même pas reconnu, tant il était perçu comme une norme. Youpi ! En plus, la stigmatisation du divorce et le poids des jugements sociaux rendaient toute idée d'épanouissement personnel quasiment impossible. Franchement, rêver de couple à cette époque ressemblait davantage à une loterie de la lose.
– OK, mais dans les années 1980 alors ? Que dire ? Bien qu'il y ait eu des avancées en matière de droits des femmes, c'était également une période marquée par une inégalité persistante dans le monde du travail. La charge mentale pesait lourdement sur les femmes, qui devaient jongler entre les attentes traditionnelles et leur quête d'égalité. La pression sociale pour se marier jeune était omniprésente, et passer

le cap des 28 ans sans partenaire était synonyme de péremption (« vieilles filles », « femmes à chat », toussa, toussa). Ajoutez à cela les craintes liées à l'émergence du VIH/sida, une ombre qui entachait profondément la confiance et la communication au sein des relations. Même si j'aurais adoré faire la fête en boîte de nuit sous des néons, le cheveu foufou, me dandinant en tenue fluo sur du *Wake Me Up Before You Go-Go*. Puis rencontrer l'homme de mes rêves en dansant sur des slows… Eh bien, comme le moonwalk, je pense que l'amour dans les années 1980 était un véritable défi.
Et concernant le célibat d'autrefois, remontons un brin plus loin dans l'Histoire…
Pendant longtemps, il a été soit une vocation (hey, les moines et les nonnes), soit un phénomène de marge (coucou, les prostitué·es) : nous étions élevés pour être mariés et devenir parents un jour (très vite même !). Celles et ceux qui ne l'étaient pas étaient des « vieilles filles » ou des « vieux garçons ». Voici où je veux en venir : le célibat choisi – comme certains d'entre nous peuvent choisir de le vivre – est le fruit des conquêtes sociales du XXe siècle, qui ont donné la liberté aux individus de vivre leur vie sentimentale (plus) librement (du moins en Occident), hors mariage, hors famille, hors course au « bon parti »…
Bon. Loin d'être une *gow* contestataire, les gars, j'estime que je suis née à la bonne époque. Point. Et qu'il y aura à chaque époque des challenges à relever, des libertés et des progrès à créer collectivement…
Restons concentrés : notre combat aujourd'hui est de conscientiser, gifler, puis reprogrammer les codes du dating !

De ce que je perçois de notre époque et de son histoire en Occident, depuis cinquante ans maintenant, nous pouvons vivre notre célibat et notre vie amoureuse et sexuelle comme nous l'entendons. Nous sommes les petits-enfants de la révolution sexuelle. Première date clé : 1960, avec l'introduction de la pilule contraceptive aux États-Unis, qui va offrir aux femmes un contrôle sans précédent sur leur reproduction et leur sexualité (voir « Petite histoire de la révolution sexuelle », p. 39).

Cette révolution, qui a autorisé la contraception, a ouvert la voie au sexe pour le plaisir, hors du sexe pour la procréation. C'est aussi cette société qui a décrété le droit à l'amour libre.

Elle a installé – lentement mais sûrement – un nouveau paradigme dans le rapport à l'autre, au couple, au corps et à l'amour.

Les applications et les réseaux sociaux en libre-service sont les évolutions de ce nouveau paradigme, et sont des facteurs qui ont suscité, à leur tour, une reconfiguration des normes, de nouveaux défis dans notre rapport à soi et aux autres dans nos relations : notamment, le rapport à la liberté. Mais pas que !

Autant nos aînés se disaient oppressés par des interdits, des mariages parfois arrangés où l'amour n'était pas forcément au rendez-vous..., autant aujourd'hui la liberté nous permet d'affronter seuls l'existence. Et nous pouvons, de temps à autre, nous payer le luxe de jouir des meilleurs aspects des relations, sans nous encombrer du reste...

Le capitalisme amoureux, il faut l'admettre, a au moins un aspect superpositif : il nous a donné les moyens de redéfinir le célibat comme une situation d'indépendance et d'ouverture (et non comme une salle d'attente et de recherche de sa moitié). Arrêtons de croire que le bien-être de tout le monde dépend des mêmes paramètres. Merci.

Pour autant, la nouvelle culture du célibat est plus complexe qu'elle en a l'air. À mon sens, elle est une réponse à la peur et à l'incertitude. Le consumérisme amoureux et la peur de l'engagement seraient des symptômes liés à une incapacité à gérer cette liberté, qui implique effectivement un discernement, une régulation, une responsabilité. Je reviendrai plus tard sur cette notion de liberté, si fondatrice.

Le choix de la « nomance » et du « no sex » peut aussi être une réponse d'une génération qui aspire à la liberté, mais qui se sent angoissée et sous pression. Car cette liberté moderne génère tout un tas d'injonctions paradoxales. Quand l'abondance de choix, la logique du libre-échange, l'illusion d'une infinité d'opportunités saturent le cerveau, il devient de plus en plus difficile d'être réceptif aux véritables Rencontres. Celles qui nous aident à découvrir de nouvelles facettes de notre personnalité, celles qui nous aident à élargir notre vision du monde et à nous inspirer à devenir qui nous voulons vraiment être. Celles qui nous donnent envie de nous projeter dans l'avenir…

Et non pas celles que nous consommons pour nous divertir, celles qui nous permettent de combler un vide, l'ennui, ou celles qui nous permettent d'alimenter nos fils d'actus sur les réseaux ; ou encore celles que l'on consomme pour « vivre avec son temps » et parce que tout le monde le fait.

Bien souvent, c'est l'enchaînement de ce genre de relations « transactionnelles » qui amplifie notre désarroi, notre sentiment de vide, et qui impacte largement notre confiance en nous et en nos capacités à créer des relations épanouissantes.

Différentes études universitaires américaines[9] révèlent que les personnes engagées dans des relations superficielles, occasionnelles, sans engagement émotionnel, ont des niveaux de satisfaction inférieurs dans leur vie amoureuse, avec des liens renforcés au sentiment de solitude et de vide émotionnel, et des niveaux d'estime de soi plus faibles.

« Vivre avec son temps », qu'ils disent ?

Petite histoire de la révolution sexuelle

Années 1950 Des recherches sur la sexualité (comme celles d'Alfred Kinsey) commencent à ouvrir le débat sur la sexualité et les relations personnelles.

1960 La pilule contraceptive est introduite, permettant aux femmes de mieux contrôler leur corps et leurs choix sexuels.
Polyamour : Sartre et Beauvoir sont parmi les premiers à le revendiquer, dans le cadre de leur relation qu'ils appellent « pacte de polyfidélité ». Le terme polyamour en lui-même naît véritablement dans les années 1960, et est inventé par un auteur de science-fiction.

1963 Betty Friedan publie *The Feminine Mystique* (traduit en français : *La Femme mystifiée*[10]), encourageant les femmes à poursuivre leur autonomie et à ne pas se limiter aux rôles traditionnels.

1969 Les émeutes de Stonewall à New York révèlent la lutte pour les droits des LGBTQ+, entraînant une plus grande acceptation des différentes orientations sexuelles.

Années 1970 Le mouvement féministe émerge, plaidant pour l'égalité des sexes et le droit de disposer de son corps, influençant les relations personnelles et sociales.

Années 1980 Premières radios libres abordant la sexualité et permettant des discussions

ouvertes sur les sujets souvent considérés comme tabous, contribuant ainsi à une meilleure éducation sexuelle et à une sensibilisation des auditeurs sur des thèmes tels que la santé reproductive, les relations, et les droits sexuels.
Les films pornographiques apparaissent sur les écrans de la chaîne cryptée Canal+, chaque premier samedi du mois (ceux qui savent savent...). Premier âge d'or du porno !

1990 Lancement des premiers sites de rencontres en ligne (Match.com, Meetic), offrant une nouvelle manière de se connecter et de créer des relations.

1999-2000 PACS et légalisation du mariage pour tous dans plusieurs pays, témoignant de l'évolution vers une société plus inclusive et ouverte.

2006-2007 Lancement de YouPorn et PornHub, qui deviennent rapidement les plus grands sites de pornographie en ligne.

2012 Lancement de Tinder, une application de rencontres qui popularise le concept de *swiping* (glisser à droite pour aimer, et à gauche pour passer).

2013 Le taux de divorce en France atteint les 56 %.

2016 Lancement de l'application Replika, qui permet aux utilisateurs de converser avec un chatbot basé sur l'IA, conçu pour devenir un ami ou petit ami virtuel.

2017 Le mouvement #MeToo émerge, incitant les personnes victimes de harcèlement et d'agression sexuelle à s'exprimer et à revendiquer le respect et le consentement dans les relations.

Années 2020 Émergence de la réalité virtuelle et des technologies immersives dans le domaine de la sexualité, proposant de nouvelles façons d'explorer les relations intimes.

CHAPITRE 2

Les nouveaux vices qui nous fatiguent

> « Ce n'est pas parce qu'ils sont nombreux
> à avoir tort qu'ils ont raison. »
>
> – **Coluche**

Les relations et les véritables rencontres changent les gens, en les aidant à grandir et à évoluer en tant qu'êtres humains.

L'essor des applis de rencontres, nos usages des réseaux sociaux ainsi que l'appauvrissement de certaines de nos compétences relationnelles ont considérablement reconditionné les comportements amoureux.

Glaner des profils en masse chaque jour, faire connaissance en premier lieu sur une application ou un réseau social change la donne, lorsque nous rencontrons ensuite les gens dans le monde réel. Que ce soit dans nos communications, nos postures, nos attentes, nos perceptions, nos jugements ou encore notre tolérance. Pas de fumée sans feu.

Bien au-delà de ça : nous avons copié-collé des codes relationnels importés tout droit de la culture américaine. Nous avons assimilé, en un rien de temps (non sans mal), toute la codification relationnelle américaine du dating, façon spéculation permanente. On swipe, on like, on flirte, on se voit, on ken, on ghoste, on se compare, puis on recommence avec quelqu'un d'autre. Certains même se prennent pour les rois du pétrole parce qu'ils voient plusieurs personnes en même temps. Clairement, ce n'est pas la fiesta dans le monde de la romance moderne !

Notre approche de l'amour est profondément influencée par une quête incessante de nouveauté, dictée par nos comportements de consommation. Cependant, en France, avant notre époque moderne et ultra connectée, la perception de l'amour et le style de vie associé étaient fondamentalement différents. Avant nos consommations relationnelles sur les écrans, l'amour était souvent ancré dans des structures plus formelles, avec des attentes socioculturelles précises, moins d'options et de superficialité, des processus de rencontre et d'exploration des sentiments plus lents et réfléchis... Et l'idée du romantisme semblait fortement représentée et idéalisée dans notre culture française. Paris était considérée comme la ville de l'amour. Et maintenant elle est devenue une usine à plans Tinder, peu propice à trouver un partenaire pour créer une relation saine. Paris est même devenue la ville où le taux de divorce est le plus élevé de France.

Ces nouveaux codes du dating à l'anglo-saxonne – que nous avons adoptés fissa – sont parfois déroutants, épuisants, voire révoltants, pour ceux qui galèrent le plus et ne parviennent pas à tirer leur épingle du jeu (puisque c'est devenu un *hunger game* !).

Bien que les préjugés sur le sujet soient souvent véhiculés sur la jeune génération – la jeune génération manquerait de maturité émotionnelle, privilégierait des relations superficielles, éprouverait des difficultés à établir des connexions profondes et ferait preuve d'égoïsme, de négligences... alors que ces défis touchent en réalité toutes les tranches d'âge –, je constate dans mes consultations, dans les différents cercles relationnels que j'ai pu observer et dans mes recherches pour ce livre, qu'aucune tranche d'âge n'a été épargnée par ces bouleversements.

Soyons honnêtes : nous avons plongé collectivement dans le grand bain des usages aussi ludiques que frénétiques, superficiels, de nos applications dites « sociales »..., des usages empreints d'incertitudes, où les connexions humaines sont devenues des expériences éphémères et consuméristes. La tentation était trop forte.

Du coup : quels comportements appliquer pour bien rater sa vie amoureuse ?

Le swipe : un geste qui n'a rien d'anodin

La fonctionnalité « swipe » joue un rôle crucial dans l'avènement de nouveaux comportements de la romance moderne.

Il est établi que l'apprentissage, le développement de nouveaux chemins neuronaux et de nouveaux comportements se font par la répétition. Si bien que la répétition du geste « swipe » est, lui aussi, soumis à l'effet de conditionnement et de plasticité cérébrale.

Et, à travers ce geste, c'est surtout un rapport particulier à la réalité que l'on a développé...

Bien que le swipe puisse être mesuré, posé, réfléchi, il est la plupart du temps automatique, irréfléchi, frénétique – voire compulsif – dans la même journée, dans une démarche de divertissement ou de comblement du vide existentiel, pour tuer le temps.

Outre le sentiment de puissance qu'il peut procurer (on est au-dessus de son écran, en surplomb des gens que l'on juge – et on fait ça quand on veut), il accentue une façon de percevoir et de se raconter le monde en termes de polarités binaires (le « oui »/le « non », le « je veux »/le « ça dégage »). Ce qui laisse peu – voire pas – de place à la complexité des sentiments et des personnalités.

Eh oui, nous n'avons plus le temps pour ces foutaises, ma bonne dame !

De fait, nous nous sommes conditionnés, à travers le swipe, à accélérer notre capacité à surréagir, à se faire une idée, un avis, une émotion rapide ; et à emporter. Comme si on avait atrophié le plaisir de la découverte, ainsi que nos capacités à créer des discussions ouvertes et originales tant le geste est devenu mécanique et le plaisir condensé dans le geste en lui-même.

Nos habitudes répétées, et parfois automatiques, ont transformé notre manière de consommer des signaux et des émotions. En d'autres termes, notre cerveau a formé de nouveaux réseaux et schémas de pensée qui sont devenus des normes dans notre vie quotidienne. Cela signifie que nous avons intégré ces comportements de consommation émotionnelle au point où ils semblent désormais normaux pour nous.

Et, à notre insu, nos capacités naturelles de connexion se sont affaiblies, de même que notre bienséance, certaines compétences émotionnelles, ou encore notre bon sens. Admirez notre œuvre : nous avons conditionné tout un tas de comportements que je qualifierai de « gênants », « régressifs » et parfois même d'« irresponsables ». (Pour la petite histoire, il y a quelques années, je pensais que le terme *ghosting* était juste une blague d'Halloween ; finalement, c'est une grosse blague tout court).

Nous sommes devenus des champions des jugements hâtifs

Dans le dating moderne, nous cherchons quelqu'un qui soit exactement la personne que nous voudrions qu'elle soit, et nous avons tendance à juger vite. Très vite.

La personne n'a pas ceci, pas cela ; ou bien elle est trop comme ci, pas assez comme cela… Le jugement est constant, dès lors que l'on passe de l'écran à la réalité.

Nos usages et nos gestes ont renforcé notre tendance à l'impulsivité, en nous habituant à prendre des décisions basées sur des critères superficiels, des éléments visuels limités, et, il faut le dire, sans aucun processus de réflexion associé.

Outre les réactions basées sur les premières impressions et sur la propension à rechercher constamment un

« meilleur » partenaire, à terme cela fait augmenter nos niveaux d'exigence. Notre fameuse quête du « toujours plus » !

Entendons-nous bien : d'un côté, cette tendance à viser le « toujours plus » peut être perçue comme bénéfique pour l'évolution personnelle. Elle peut nous pousser à mieux nous connaître, à réfléchir sur ce que nous recherchons dans une relation, et à évoluer dans nos préférences et attentes. Plutôt cool, quand c'est conscientisé, dosé, mesuré.

Cela dit, cette quête démesurée peut mener à un repli sur soi, à des formes d'isolement social et à une difficulté à s'engager, provoquant un sentiment de solitude ou de déception. Parfois, les attentes irréalistes peuvent créer un fossé entre les aspirations et la réalité, rendant plus difficile le développement de relations authentiques et satisfaisantes.

Vous avez capté : on *dose*.

Nous sommes des indécis chroniques

Autrefois, dans le dating *in real life* (« dans le monde réel »), nous avions un nombre raisonnable et plutôt limité de partenaires potentiels. Avec l'apparition du dating moderne, nous pouvons avoir l'impression que quelqu'un de mieux nous attend. Et si nous trouvions chez quelqu'un d'autre ce qu'il manque à la personne que nous venons de rencontrer ? Et si notre prochain match était le bon ?

Comme dans n'importe quel rayon d'un supermarché, nous avons beaucoup trop de choix, nous sommes saturés et nous demeurons indécis.

Ce phénomène porte un nom : la *fear of better option* (FOBO) – ou la « peur de rater une meilleure option ». Il se réfère à la peur constante de prendre une décision ou de s'engager dans une relation, parce qu'on craint qu'il existe une meilleure option ailleurs.

Et quand le présent laisse place au conditionnel, cela conduit à ne pas s'engager émotionnellement dans une relation ; et cette peur (pas toujours consciente) peut amener à des comportements tels que :

- garder des options ouvertes ;
- discuter et séduire plusieurs personnes à la fois ;
- agir lâchement, disparaître en mode « ghosting » (toujours pas un petit fantôme d'Halloween).

Sur le moyen ou long terme, ce phénomène impacte certains sujets dans leur capacité à faire face aux situations, exacerbe les comportements d'évitement, de fuite, et accentue la difficulté à choisir dans les différents domaines de la vie.

Nous ne tolérons plus la frustration

Dans la même veine, nous avons développé une intolérance presque maladive à la frustration. Chaque moment de malaise, d'attente ou de difficulté est perçu comme un *red flag*[1], nous poussant à fuir plutôt qu'à attendre de voir, à creuser ou à affronter. Nous espérons des connexions parfaites, mais, dès que la moindre imperfection apparaît – un malaise, un malentendu, un désaccord, une divergence d'opinions, un pli qui dépasse –, en somme dès que la vulnérabilité s'invite dans nos échanges, nous nous retirons.

Et nous revenons illico à la chasse, en swipant d'un côté ou de l'autre... comme si l'amour devait être un buffet à la carte, exempt de toute complexité dans le développement de l'attachement à une personne. Cette impatience, cultivée par le règne des applications de rencontres, et par la culture du vide sur nos écrans, nous laisse souvent désemparés, seuls, dans des schémas de répétition plombants.

Certains ont même banalisé l'infidélité

Une autre conséquence du dating 2.0 et de nos usages (et pas des moindres) est la porte ouverte vers l'enchaînement des relations, voire leur surconsommation pour certains, ainsi qu'une banalisation de l'éphémère.

L'addiction à la nouveauté est un biais de notre époque. Quant à l'infidélité, elle semble également être devenue une norme, là où auparavant elle était perçue comme une déviance ou une antivaleur. Pour certains, c'est devenu un sport olympique : ce serait près de deux tiers des utilisateurs de Tinder qui seraient déjà en couple (voire mariés), selon une étude du 23 juin 2023, relayée par NBC News et TF1 Info.

Que ce soit pour flatter son ego ou réellement consommer, quelles que soient les raisons qui motivent les individus, cette donnée ne peut laisser indifférent.

Et ce n'est pas tout. Une nouvelle forme d'infidélité a vu le jour : le *micro-cheating*, « les micro-infidélités ». Il ne nous manquait plus que ça : des petites actions en apparence mineures (voire insignifiantes pour certain·es), qui indiquent que notre crush se concentre émotionnellement ou physiquement sur quelqu'un d'autre en dehors de notre relation. Et voilà bien là un aspect qui nous chiffonne : la micro-tromperie joue sur le flou, l'ambiguïté et les sensibilités de chacun… Bref, subjectivité, bonsouarrr !

Phénomène générationnel propre à notre ère hyperconnectée, difficile de lister tous ces comportements de façon objective, car chacun aura sa propre définition de l'infidélité et ses propres limites. Pour autant, un sondage Instagram que j'ai effectué en 2022 sur plus de 4 000 personnes m'a donné des pistes quant à ce que mes abonnés considèrent comme des micro-infidélités :

- Donner son numéro de téléphone à quelqu'un qui nous plaît, alors qu'on est en couple.
- Rester inscrit sur une app de rencontres, alors qu'on développe une relation.
- Cacher des messages ou des rencontres avec d'autres personnes.
- Envoyer des réactions à des stories, ou liker fréquemment une personne que l'on trouve jolie sur les réseaux.
- Liker des photos dénudées d'autres hommes et femmes sur Instagram, lorsqu'on est en couple.
- Maintenir un contact ou observer les publications d'anciens partenaires ou crushs.
- Flirter avec quelqu'un, avoir des attitudes ambiguës que l'on n'aurait pas en présence de son amoureux (ou amoureuse).
- *Stalker* des personnes que l'on trouve attirantes.
- Avoir des discussions secrètes avec une personne qui nous plaît (hors couple).
- Envoyer des photos de soi ambiguës à quelqu'un d'autre que son amoureux (ou amoureuse).
- Entretenir des amitiés ambiguës.

Chacun se fera sa propre idée, cela va sans dire.

D'autres comptent désormais publiquement les corps qu'ils ont consommés

« Et toi, t'en as eu combien ? »

Mais enfin, quelle idée !

Aujourd'hui, certains individus affichent fièrement sur leurs réseaux ce que l'on appelait autrefois le « tableau de chasse ». Nouvelle ère, nouvelle sémantique, désormais on appelle cela le *body count*[2].

Se vanter de ses conquêtes était auparavant l'apanage d'égocentriques ringards ou d'individus à très faible estime d'eux-mêmes ; dorénavant, quels types de personnes, qui se considèrent comme les rois du pétrole, trouvent que c'est utile et « valorisant » de partager publiquement leur (sur)consommation relationnelle ? À vous de juger.

Littéralement, le *body count* désigne le nombre de partenaires sexuels qu'un individu a eus dans sa vie. Désormais utilisé comme indice de « fiabilité » de la personne, si l'on envisage une relation, le body count est une donnée « cruciale » pour juger si l'on mise sur un bon ou un mauvais partenaire. Avec cet indice, on évalue également sa rareté, sa pureté et sa morale. Jusqu'ici tout va mal.

Chez les hommes, sans surprise, un score élevé est perçu comme une réussite sociale, une fierté. Et chez les femmes, un compteur « trop élevé » serait considéré comme un red flag (100, c'est haut pour un homme ; 10, c'est haut pour une femme…). Bienvenue au Moyen Âge.

Le body count, c'est très exactement ce qu'il nous manquait pour définitivement ancrer les analogies de nos relations avec les lois du marché, banaliser le manque de pudeur, le machisme, le narcissisme boursouflé, la stupidité, ou encore pour objectifier davantage les personnes, capitaliser toujours plus les rapports humains, critériser encore et encore les choix de relations sous couvert de divertissement…

Les nouvelles cruautés de la romance moderne

Notre dépendance à la technologie et à la communication textuelle par écran interposé a malheureusement contribué au développement de certains comportements désolants, et à la levée de certaines barrières de bienséance.

Tandis que, dans les cas les plus softs, certaines personnes ont du mal à avoir une conversation en face-à-face, d'autres ont, quant à elles, du mal à développer un rapport empathique et responsable vis-à-vis de la personne qu'elles convoitent.

Les Américains (précurseurs dans le domaine de la rencontre moderne et des décryptages de ses manifestations) ont créé tout un jargon regroupant différentes pratiques, concepts et comportements qui se sont banalisés, affublés de noms en « ing ».

Vous connaissez déjà le *ghosting* ou encore le *love bombing*. Mais si vous ne cessez de tomber sur des nouveaux concepts liés à la romance et au dating, sans jamais y mettre des mots dessus ni sans rien y comprendre, je vous propose une petite session découverte (ou de remise à niveau). À l'image des nouveaux iPhone, tous les ans en moyenne, un nouvel arrivant apparaît dans le champ lexical anglophone.

Le *serendipidating*

Petit vice des temps modernes, mot-valise de *sérendipité* (terme issu de l'anglais, qui signifie « heureux hasard ») et *dating*, il désigne une personne qui repousse ou annule à répétition le premier rendez-vous. Imaginez : vous vous sentez à votre prime, vous êtes rasé, coiffé·e, vous sentez bon, vous êtes au max, vous avez libéré votre soirée, et ce grossier personnage annule en last minute. Fuck, y'a plus de respect, ma bonne dame !

Cela arrive souvent quand on est face à une personne qui a déjà engagé d'autres rencontres, qui dispose déjà de plans Q, ou qui choisit simplement de nous garder sous le coude, tandis qu'elle prospecte plusieurs profils dans l'espoir de trouver mieux.

Au départ, on peut être compréhensif et conciliant, mais au bout de deux ou trois reports ou annulations, on lâche l'affaire et on se respecte. Qu'en pensez-vous ?

Le *benching*

Cette stratégie consiste à laisser quelqu'un sur le banc des remplaçants, tout en continuant à séduire et glaner d'autres prétendant·es. Ce comportement ambigu tend à envoyer des signaux positifs (complicité, dîners en tête-à-tête, moments privilégiés par textos pour se confier, relations sexuelles occasionnelles ou régulières), sans pour autant jamais s'engager sur le terrain de l'amour.

Ce qui peut donner l'impression d'un chaud/froid, d'une incohérence et d'une relation discontinue. La personne va et vient à sa guise, comme dans un fast-food !

Vous êtes probablement victime de *benching* si :

- cette personne vous propose de vous voir toujours au dernier moment ;
- elle ne vous inclut pas dans ses plans le week-end, mais uniquement en semaine ;
- elle met des heures, voire des jours, à répondre à vos messages ;
- elle peut passer des jours/semaines sans vous donner de nouvelles ou sans en prendre.

Vous constatez qu'il y a incohérence ? Une sensation de chaud/froid ? Et que le manque de réciprocité est encore au rendez-vous après trois mois de relation ? Intervention : faites entendre vos désirs et fixez vos limites entre ce qui est acceptable pour vous et ce qui ne l'est pas, avec une communication simple et honnête. Si l'autre n'est pas prêt à une relation, s'il n'est pas disponible émotionnellement et qu'il n'est pas sur la même longueur d'onde que vous, restez digne, gagnez du temps et avancez. Plus vous resterez dans cette situation, plus il sera difficile de tourner la page.

Le *winter cuffing*

Ce comportement désigne le fait de rechercher des relations éphémères à la fin de l'été, pour éviter de passer l'automne et l'hiver tout seul. Le but d'une telle pratique est de se réchauffer quand les températures chutent et que la nuit tombe à 16 heures.

Ça se passe par un texto, un DM : « Comment ça va, depuis le temps ? », « Qu'est-ce que tu deviens ? »... Je suis certaine que vous aussi vous avez connu des come-back une fois le mois de septembre, ou octobre, arrivé. À ce moment de l'année, votre compagnie est sollicitée pour programmer les soirées Netflix & Chill de la saison automne-hiver. Anticiper les saisonnalités est un art de vivre !

Dans ce cas précis, à vous de voir ce qui vous fait vraiment plaisir. Si ce come-back n'est pas de bon augure pour vous ou vous met mal à l'aise, vous pouvez simplement mentionner à cette personne que vous n'êtes pas intéressé·e par une reprise de contact, en lui souhaitant tout le meilleur.

Le *cloaking*

Dans la famille des grands maux relationnels et communicationnels de l'époque, le terme *cloaking* fait allusion à l'acte de disparaître soudainement et sans explication d'une relation (qu'elle soit amoureuse ou amicale). Disparition totale et suppression des conversations, des photos sur les réseaux – bloqué de partout. Rideau, adieu !

Imaginez passer de doux moments complices ensemble, de messages quotidiens, de soirées *Netflix and chill*... à un avis de recherche international, comme si la personne s'était fait kidnapper par des extraterrestres.

Le *cloaking* est un variant du désormais célèbre ghosting, mais avec une nuance : la personne qui cloake ne laisse aucune trace de son passage, effaçant tout lien de communication ; sans même un mot d'adieu ni une explication. On est ici au niveau - 10 de l'empathie et des « couilles sur la table ».

C'est un acte qui peut laisser l'autre dans un désarroi terrible, en plus de l'inquiétude extrême, se demandant ce qui a pu mal tourner ou s'il est arrivé quelque chose de grave à la personne en question…

Cerise sur le pancake : cette pratique peut survenir après des semaines, voire des mois, d'interactions où tout semblait bien se dérouler. Chelou, vous dites ?

Pour éviter le drama, la transparence doit être la norme ; alors donnez le ton de la relation dès le départ. Osez engager la conversation sur vos attentes, vos besoins et vos limites. Prenez les devants ! Posez les questions qui dérangent, et n'ayez pas peur d'être honnête, même si cela implique de confronter votre partenaire sur ses intentions.

Si quelque chose vous chagrine ou si vous sentez une distance, exprimez-le clairement. Ne laissez pas le flou s'installer ; votre bien-être mérite d'être priorisé. Si une personne choisit le silence ou s'éclipse sans explication, sachez que cela ne reflète pas votre valeur, et ne parle que de son inaptitude à être intègre, courageux et honnête.

Le *breadcrumbing*

Le nom de cette technique sournoise, parfois considérée comme une forme de manipulation (intentionnelle ou non), signifie littéralement « jetée de miettes de pain ».

Elle consiste à donner des petits signes de vie de temps en temps, *via* un like sur les réseaux sociaux, un court commentaire ou message, ni plus ni moins, puis de disparaître.

Cela arrive après un flirt, de longs messages, des déclarations, des rendez-vous manqués, avant de se désintéresser peu à peu. La personne pratique le *breadcrumbing* comme si elle souhaitait vous garder sous le coude.

Certaines personnes peuvent même pratiquer le *breadcrumbing* dans leurs relations familiales, amicales ou professionnelles. Exemple d'un ami qui feint de l'intérêt pour vous sans aucune intention de vous voir régulièrement ou de s'engager dans une véritable amitié : cette personne ne vous rappelle que lorsqu'elle a besoin de quelque chose...

Personnellement, dans cette situation, je confronterai la personne avec tact et lui donnerai l'occasion de corriger son comportement. Et si la personne ne change pas, alors que vous avez exprimé ce qui vous dérange, coupez le contact ou restez simplement très cordialement distant·e, car si elle revient vous risquez de tomber dans un cycle de dépendance. Et aussi parce que flemme !

Le *zombieing*

Les fameux revenants d'outre-tombe (ceux qui savent savent) !

Pire que le ghosting, ce terme fait référence à cette personne qui vous a mis de côté, et qui miraculeusement « revient à la vie », par le biais d'un SMS, d'un simple WhatsApp ou d'un commentaire sur vos réseaux sociaux. Ces zombies des temps modernes surgissent comme si de rien n'était, en toute décontraction et avec un seul but : raviver la relation.

Note à vous-même : un vrai zombie émerge lorsqu'il a faim, faim de nourrir son ego, son besoin d'attention, de validation, ou encore de réconfort...

Si ce genre de comportement vous semble irrespectueux, il conviendrait alors d'ignorer ces tentatives et de protéger le temple sacré de vos valeurs. Vous n'êtes ni jetable ni utilisable, et encore moins recyclable. Alors ouste !

Le *cushioning*

Ce terme signifie « amortisseur » ou encore « coussin ».

Vous est-il déjà arrivé de créer une relation de confiance avec quelqu'un et de vous rendre compte – au bout de quelques semaines/mois – que cette personne entretenait d'autres relations en parallèle ? Que ce soit des messages sur les réseaux, sur les apps ou dans le réel. (Perso, j'ai déjà expérimenté cette position de « dindon d'la farce » et je n'ai pas vraiment aimé le côté aigre de cette sauce-là ; même si, pour le bougre, le bail était doux.)

Cette pratique consiste à garder plusieurs plans de secours au cas où la relation ne fonctionnerait pas et/ou ne durerait pas.

Grosso modo, la personne envisage d'autres options, alors même qu'elle est engagée dans une relation.

Protégez votre petit cœur tout mou. Si votre intuition vous dit que quelque chose cloche, osez confronter la personne dans ses souhaits, dans ses ressentis. Demandez-lui ce qu'elle ressentirait si vous jouiez au même petit jeu de votre côté. Osez également lui demander à quel point votre relation compte pour elle. Soyez prêt·e à tout entendre, écouter et observer ; c'est un moment de vérité très intéressant pour savoir à qui on a vraiment à faire.

La *situationship*

Mix de *situation* et *relationship* (« relation », en français), une *situationship* renvoie à un type de relation dont les termes n'ont pas été définis par les partenaires. Avoir des rapports sexuels et amicaux, se fréquenter, passer du temps ensemble plusieurs fois par semaine, c'est une relation hybride et floue, entre amitié, « plan cul » et relation engagée.

Certains l'appellent la « relation sans pression », le « couple sans engagement », ponctuée de : « On fait au feeling », « On s'prend pas la tête », « Qui vivra verra »...

En l'absence de communication, une *situationship* peut finir par devenir toxique et douloureuse... Alors, pour clarifier, prenez les devants et communiquez, tout simplement. Soyez clair·e sur ce que vous voulez en termes de relation (une relation exclusive, ouverte, sexuelle...). Fixez-vous des limites et respectez vos besoins. Respectez aussi ses souhaits et sa décision, s'ils sont différents de vos désirs.

Le *single baiting*

Le *single baiting* – ou « appâtage des célibataires » – est une pratique insidieuse que vous avez peut-être subie sans vous en rendre compte. À la manière du *micro-cheating*, où l'on flirte sans réellement tomber dans l'« infidélité physique », le *single baiting* constitue une forme d'infidélité émotionnelle.

Ici, l'escroquerie réside dans le fait d'omettre délibérément que l'on est déjà engagé dans une relation amoureuse, tout en cherchant à pécho de nouveaux partenaires à tous les râteliers.

Les motivations de ces consommateurs de relations gloutons peuvent être diverses. Un certain ennui dans leur couple, dans leur vie pro, un besoin de rebooster leur ego, de tester leur pouvoir de séduction, l'absence de passion, une relation en fin de cycle peuvent les inciter à pêcher en dehors de leur étang…

Ce comportement n'est pas seulement malsain ; il reflète souvent des insatisfactions fondamentales au sein de leur relation actuelle, mais qu'ils n'ont pas le courage d'affronter, de solutionner, ou tout simplement qu'ils ont la flemme de colmater.

Si vous reconnaissez en vous ce penchant pour le *single baiting*, il est temps de vous poser les bonnes questions. Pourquoi avez-vous besoin de cette validation extérieure ? Interrogez-vous sur votre relation, et demandez-vous si elle répond réellement à vos attentes. Prenez le temps de communiquer avec votre partenaire. Aborder honnêtement les failles de votre couple, vos besoins, vos manques respectifs peut être le premier pas vers une amélioration, ou vers une décision de passer à autre chose. Portez vos *cojones*, par pitié !

Nous sommes unanimes : même si ça n'est qu'un idéal vers lequel on pourrait tendre, ce serait tellement doux que les relations soient suffisamment bienveillantes et ouvertes pour que – quel que soit le stade d'investissement mutuel des partenaires – on puisse se dire franco comment, pourquoi, on aurait envie ou pas de continuer à faire route ensemble… Bref, trouver les mots, faire face, et parfois clôturer calmement, pour que tout le monde puisse avancer ou se remettre en question.

Et si on (ré)apprenait à se respecter ?

Les comportements subtils à éviter

Puisque l'ère de la romance moderne favorise la superficialité, la surconsommation, la confusion et l'insécurité, au détriment des véritables connexions, ces comportements laissent souvent les utilisateurs épuisés émotionnellement, insatisfaits, exacerbant les problèmes de santé mentale.

C'est pourquoi il est important de bien les reconnaître afin d'établir des limites saines, d'exprimer clairement ce qui est important pour soi, et de créer ses propres codes pour des relations respectueuses.

Que l'on veuille explorer une relation sur le court terme ou approfondir un lien, il convient de garder l'œil ouvert sur ce que l'on nomme communément des « red flags ».

Le temps de réponse aux messages

Lorsqu'on est intéressé par quelqu'un, il me semble que l'on trouve toujours quelques minutes pour lui répondre, même lorsqu'on va aux toilettes (ce qui arrive plusieurs fois dans une journée). Une réponse reçue à J+1 (par exemple) nous donne des éléments intéressants sur la disponibilité ou l'indisponibilité émotionnelle d'une personne.

Le chaud et le froid

Une personne qui souhaite vous avoir dans sa vie saura entretenir le lien dans la réciprocité et la régularité. Si vous constatez des variations de dynamique, d'humeur, trop fréquents, des dissonances entre les paroles et les comportements, restez vigilant·e.

Les changements de dynamique après un *date*

Si votre crush a démarré la relation à fond, avec des compliments à gogo, des petites attentions, des textos tout le temps et des moments partagés chaque jour ; mais qu'après avoir passé la nuit ensemble il change de comportement : restez sur vos gardes. Certaines personnes feignent d'être intéressées par une relation de couple simplement pour obtenir des relations sexuelles. (Dans le jargon, on leur donne le nom de « charos » ou encore de « crocodiles »).

Quand les messages se font plus légers

Si vous constatez que votre crush répond moins vite qu'en début de relation, partage moins d'anecdotes ou de billets d'humeur avec vous alors que lors de vos rendez-vous tout se passe très bien entre vous…, il se peut que dans certains cas il parle à plusieurs personnes en même temps. Tout est une question d'énergie : si moins d'énergie est mise dans vos échanges, l'énergie est transposée ailleurs (sous-titre : lorsqu'il ou elle semble moins réactif·ve ou impliqué·e dans vos échanges, cela peut indiquer qu'il ou elle consacre son temps et son énergie à d'autres interactions ou priorités, au lieu de nourrir la connexion avec vous).

Parole de multitâche qui vit avec son tél H24 à quelques centimètres de ses yeux : que l'on soit très occupé·e au travail ou pas, une connexion émotionnelle authentique et réciproque reste régulière et stable.

Les messages après une certaine heure

Si votre crush vous contacte uniquement à des heures tardives, soit c'est un hibou, soit il y a de fortes chances qu'il ne soit intéressé que par une relation légère. #charo #croco

Il (ou elle) ne propose pas de sorties, d'activités, de temps de qualité hors d'un appartement

Si vous avez proposé, et que votre crush n'a pas saisi la perche, vous savez clairement quelles sont ses intentions à votre égard. #bis #charo #croco

Ses potes et les sorties sont la priorité

Une personne qui veut passer du temps avec vous sait faire des compromis et organiser ses différents temps sociaux. Une personne peu intéressée, ou immature, fera passer les autres avant vous, à répétition. N'attendez jamais après cette personne, priorisez-vous, vos activités et les personnes pour qui vous comptez vraiment.

Et j'en passe… Décompter les comportements qui peuvent poser problème serait aussi laborieux que de trier des lentilles dans une botte de foin. Mon propos ici est que, quelle que soit la situation dans laquelle vous vous trouvez, vos émotions et vos besoins sont légitimes. Alors *Skip*, next, c'est ciao les foutaises, et faites-les entendre coûte que coûte. Que ça plaise ou non, c'est le même tarif !

Alors pour gagner du temps et de l'énergie dans une relation naissante, antidote simple : il vous revient d'exprimer vos émotions et vos besoins de manière simple, neutre, de vive voix de préférence, à la personne concernée. Communiquez sans vergogne sur ce qui se joue en vous, sans chichi, sans reproche, ni réclamation ni justification. À la place, parlez ouvertement de vos envies, de ce que vous ressentez, des questionnements qui vous traversent, de ce qui vous ferait plaisir et de ce que vous voudriez voir se produire.

Et si votre crush a du mal à les comprendre, à les accueillir ou s'il ne s'y intéresse pas, posez-vous les bonnes questions :

- Avez-vous envie d'être en relation avec quelqu'un qui se fiche de ce que vous lui exprimez ?
- Est-ce raccord avec vos principes pour une relation de confiance ?
- Qu'est-ce que cela vient dire de l'autre ?
- Quelles options s'offrent à vous pour avancer en pleine responsabilité et dans le respect de vous-même ?

Si vos besoins et vos valeurs ne sont pas pris en compte ou pas respectés, faites un état des lieux de ce qui se joue dans cette relation, factuellement. Et, peut-être, évitez de perdre davantage d'énergie dans un lien qui vous frustre, vous pollue davantage qu'il vous nourrit.

Ghoster le dating toxique

Un autre phénomène fascinant de notre époque est la prolifération des chaînes YouTube, des comptes Instagram et TikTok dédiés aux conseils en séduction, créés le plus souvent par des coachs autoproclamés.

Des amateurs de tous âges qui nous promettent de trouver le bonheur en amour, de retrouver toute sa puissance féminine ou masculine, pour devenir soit un alphaaaaa soit une bad bitch, capable de séduire n'importe qui et même de faire rougir un galet. Bref, vous captez le topo.

Admirez le paradoxe : ils n'ont jamais été aussi nombreux à propager « la bonne parole », et il n'y a jamais eu autant de malaise et de confusion dans notre rapport à la séduction et à l'amour.

Qu'ils soient adeptes du mouvement masculiniste[3], qu'elles soient prosélytes des concepts du féminisme New Age, qu'ils ou elles colportent des croyances sans fondements, piochées de part et d'autre sur Internet…, notre époque et notre culture qui adorent les étiquettes en ont pour tous les goûts.

Ces coachs autoproclamés qui nous inculquent les jeux de séduction toxiques se ramassent à la pelle.

Ils se font gratuitement le relais d'une culture toxique du dating, en encourageant les comportements de contrôle, de dissimulation de ses émotions, de ses intentions et de sa vraie personnalité, les petites manipulations, les jeux de dupe…

Faites-vous une bonne idée de la chose avec un petit florilège des pires conseils que j'ai pu voir et entendre sur les réseaux :

« Ne lui envoie jamais le premier message. »
« Donne-lui plein d'attention, puis ghoste-le pendant une semaine. »
« Attends au minimum 20 minutes pour lui rép. »

« Sois froid·e et distant·e, lâche-lui des "vu". »
« S'il met une heure à te rép, mets le double à lui rép. »
« Pose-lui un lapin pour le punir de ne pas t'avoir calculé·e. »
« Flirte avec ses amis pour le rendre jaloux. »
« Évite de le ou la complimenter, car cela pourrait lui donner trop de confiance. »
« Si vous vous disputez, ne répondez pas pendant trois jours, pour le ou la faire réfléchir. »
« Change souvent tes plans à la dernière minute, pour lui montrer que tu as d'autres options. »
« Utilise la jalousie comme un outil pour le ou la garder sur ses gardes. »
« Évite les discussions profondes, concentre-toi sur des sujets légers pour ne jamais te mettre à nu. »

Ce type de dogmes et de croyances amoureuses est hélas courant dans la culture du dating aux États-Unis, où le jeu de séduction est une véritable stratégie de guerre.

Venez, on se pose une question très simple (pas du tout) : ne trouvez-vous pas malsain – voire contre-nature – de systématiser le calcul amoureux ?

Paradoxe fâcheux : ces conventions « éclairantes » du *date* sèment le trouble et le dérèglement de nos individualités plus qu'elles ne nous aident.

De mon point de vue de thérapeute, les conséquences sont désastreuses.

Quand le calcul permanent s'invite dans nos liens, quand on réprime ses réelles émotions et que l'on joue un rôle en permanence, cela nous arrache à nos ressentis et à nos dialogues intérieurs. Cela écrase le moi, la personnalité, l'individualité, tout en ravivant les angoisses, les blessures, les fragilités, le stress, la foi en soi, ainsi que notre capacité à développer une approche sincère de l'amour.

Et si seulement ça s'arrêtait à cela !

Dégommer la radicalité et les boucs émissaires

Autre dérive à laquelle vous aurez peut-être assisté sur les réseaux : une nouvelle guerre des sexes, promue à grand renfort de hashtags, de trends et de challenges en tous genres. Les protagonistes : d'un côté, la culture Girlboss, des femmes qui revendiquent de manière virulente ne pas avoir besoin d'hommes pour bien vivre ; de l'autre, certains hommes se qualifiant de « loups solitaires », qui clament avoir perdu tout intérêt pour les femmes, arguant qu'elles ne sont que des distractions dont ils peuvent se passer aisément.

Entre reproches et généralisations absurdes (qui ne datent pas d'hier), c'est vraiment la foire à la saucisse !

Certains hommes mascunilistes (souvent déçus, démunis, immatures, vulnérables, manipulables à souhait, sous emprise de gourous 5.0...) se plaignent que les femmes d'aujourd'hui manquent de valeurs par rapport à celles des générations précédentes, les accusant de manquer de pudeur et de ne pas se respecter. En réponse, des femmes (tout aussi « matrixées ») s'élèvent contre des hommes qu'elles jugent incapables d'assumer leur rôle de pilier protecteur et viril.

Ce jeu de reproches s'est transformé en un ping-pong incessant de généralisations, où chaque comportement d'un sexe est utilisé pour accuser l'autre.

Un homme volage devient le reflet du comportement de tous les hommes ; tandis qu'une femme peu farouche stéréotype tout le genre féminin. Sans surprise, ce schéma alimente un climat hostile, où chacun se retranche derrière des clichés. Ce qui facilite la diffusion et l'ancrage de croyances plombantes sur les relations, la confiance, la séduction, les genres et même sur le fonctionnement des cerveaux homme/femme. Pitié, non !

Bénéfices nets :

- Les attentes en matière de relations sont devenues complètement démesurées. Certaines femmes espèrent des hommes gagnant 100 000 € par an, mesurant plus de 1,85 m et étant à la fois sensibles et robustes, disponibles, poètes, sportifs de haut niveau, harpistes, moines bouddhistes... De leur côté, les hommes imposent des restrictions tout aussi absurdes sur les libertés de leurs partenaires : leur mode de vie, leur style vestimentaire, leur présence sur les réseaux, leur environnement de travail qui devrait être « dépourvu de présence masculine » (pour ne citer que cela)...
- Cette haine et cette radicalisation ne font qu'accentuer la fracture entre les sexes, laissant beaucoup de gens confus, méfiants, seuls, incapables de discerner le vrai du faux... et d'entrer en relation de manière sereine.

N.B. : cela concerne toutes les tranches d'âge. Chez les personnes très jeunes, les propos sexistes sont plus publics, moins dissimulés. Les personnes plus âgées ne sont pas forcément les moins sexistes, elles le cachent probablement mieux...

On voit bien que la guerre des sexes ne mène nulle part (c'est pas demain la veille qu'on en verra la fin). Il est temps de reconnaître que les réseaux sociaux, tout en amplifiant ces tensions, ne doivent pas remplacer notre capacité à réfléchir, à nous remettre en question, puis à communiquer de manière saine.

Le phénomène du bouc émissaire, souvent utilisé dans les relations (et dans tellement de sphères de nos vies), permet d'éviter la remise en question personnelle et de projeter nos frustrations sur l'autre sexe. Belle tentative d'esquive d'honnêteté intellectuelle, mais ça ne prend pas !

Plutôt que de céder à cette tentation, interrogeons-nous sur nos comportements et nos attentes, jaugeons et admettons que nous partons en vrille (même si ça ne fait pas plaisir), pour nous corriger nous-mêmes et améliorer nos relations. Ce n'est pas l'option la plus rigolote, certes, mais c'est peut-être la manière la plus sage de nous sortir de ce pétrin.

Allez, bisou, on va s'en sortir !

Le libéralisme relationnel a fait des rencontres une activité, un divertissement, voire un exutoire parmi tant d'autres.

J'irai même plus loin en pensant qu'il est une nouvelle forme d'aliénation, qui maintient nombre d'entre nous à l'état d'enfants capricieux en quête irrésolue de récompenses immédiates.

Et j'ai le sentiment que ce circuit de la récompense, activé en permanence, contribue à maintenir une bonne partie des consommateurs dans une immaturité affective qui les rend de moins en moins capables d'entrer dans la relation à l'autre, et dans la construction d'un attachement sain. (Sans socle d'éducation sentimentale et affective, nous partions déjà de très loin, alors imaginez les abysses dans lesquels certains peuvent se trouver...)

Nos usages modernes nous ont enchaînés dans une espèce de rapport compulsif aux relations (et au sexe), tout en les inscrivant dans une nouvelle temporalité : l'immédiateté, le tout-tout-de-suite, parce que « one life » (« on n'a qu'une vie »).

En plus de nous faire complètement zapper l'idée de prendre le temps de séduire et d'approcher quelqu'un, les interactions d'aujourd'hui nous ont déconnectés de la créativité et de la bienséance dans nos rapports. Revers de cette « hyperdisponibilité » : des comportements de type « fuites en avant », qui peuvent nous pousser à ghoster nos « responsabilités affectives ».

On oublie parfois que derrière chaque écran, il y a de vraies personnes : de vraies femmes, de vrais hommes, avec des émotions sincères, des comportements authentiques et des conséquences bien réelles.

Ce que je constate en consultation, c'est que les problèmes actuels liés aux relations éphémères et au célibat subi sont, pour la majorité, liés à notre impatience croissante (nourrie par la culture de l'instantanéité), à notre dépendance à la dopamine (sommes-nous devenus des camés ?), à notre quête constante de nouveauté et d'excitation, à nos attentes irréalistes, à notre peur du rejet, à notre faible estime de soi et à nos difficultés à nous affirmer, etc.

Pas étonnant, quand notre quête d'amour se résume à une succession d'ascenseurs émotionnels, à un besoin de validation exacerbé, et à une démarche mercantile où l'on se vend comme un produit (ou comme on recherche un job). Si on ajoute à cela le sentiment de se sentir effaçable, remplaçable car en concurrence permanente, que l'on donne de sa personne (pour quels résultats ?), et qu'en supplément cette quête appuie sur des blessures émotionnelles déjà existantes, alors ça donne un cocktail explosif de souffrance et de confusion, qui rend la recherche de l'être aimé désespérée et tellement complexe.

La faute à nos vies à smartphones ? Un peu quand même. Le fait d'avoir dans nos poches et sous nos oreillers un canal de communication ouvert en permanence a clairement affecté nos relations et la manière dont nous nous rendons (hyper)disponibles aux autres.

Mais je trouve qu'ils ont tout de même « bon dos ».

Je m'explique : je remarque que l'être humain a une certaine tendance à incriminer les inventions, pour peut-être se dédouaner de ses actes. Le bon vieux bouc émissaire.

En ce qui me concerne, je trouve que cette déresponsabilisation nous empêche de voir que les problèmes relationnels sont souvent le reflet de nos comportements et de notre manière d'aborder les relations.

Il est crucial de reconnaître que nos outils, quels qu'ils soient, n'agissent pas de manière isolée ; leur impact dépend de la conscience et de la volonté de ceux qui les utilisent.

En somme, au lieu de chercher des coupables parmi les technologies, la société, l'époque, nos parents, notre ex toxique..., si nous tournions notre regard vers nous-mêmes et sur la façon dont nous choisissons d'entrer en relation et de communiquer ?

À mon humble avis, c'est bien là que se trouve la véritable clé pour comprendre et potentiellement améliorer nos expériences relationnelles.

CHAPITRE 3

Les relations aujourd'hui, c'est Koh-Lanta

> « Si t'es souvent seul avec tes problèmes,
> c'est parce que souvent l'problème, c'est toi (simple).
> Toutes les générations disent que celle
> d'après fait n'importe quoi (cliché).
> Basique, simple, simple, basique.
> Vous n'avez pas les bases. »
>
> – **Orelsan**

Après avoir tiré à balles réelles sur les codes du dating moderne (déso pas déso), je voudrais faire une trêve et laisser mes biais de négativité de côté, pour créer une parenthèse de réflexion au sujet de nos aptitudes à aimer (et, tant qu'on y est, à nous dépatouiller dans la jungle des relations modernes).

Posons le décor : savoir aimer et développer des relations bénéfiques n'est pas inné (car personne ne vient au monde avec tous ces codes) – d'autant plus à une époque où l'infobésité[1] et le divertissement permanent brouillent nos capacités à nous concentrer sur l'essentiel (ou à rester concentrés tout court). Notre rapport aux relations semble être devenu plus frivole, et les valeurs romantiques sont quant à elles soumises à des fluctuations, à la manière des valeurs marchandes. On entend et lit aussi çà et là que le sens moral régresse. Clairement, on n'a pas ramené la coupe à la maison.

Malgré tout, je ne pense pas que nous soyons plus nigauds que nos aînés et, de la même manière, je ne pense pas que c'était mieux avant.

Pour autant, ma conviction est que certains d'entre nous sont devenus des inadaptés de la relation, des bancals du cœur. *Obviously*, notre attention est éparpillée, nous sommes surstimulés, nous consommons (tout) frénétiquement, nos communications sont fragmentées, nous ne savons que très peu identifier les émotions qui nous traversent en des termes spécifiques. (Pause : êtes-vous capable de vous souvenir de la dernière fois où vous vous êtes posé pour identifier ce que vous ressentiez vraiment ?)

Bah ouais, nous sommes souvent confus (puis passons à autre chose comme sur Netflix, avec le bouton « Skip »). Nous voulons tout, tout de suite, vite, vite ; nous sommes toujours plus recroquevillés sur notre petite personne… Puis nous réfléchissons et conscientisons moins que nous devrions le faire. Mais conscientiser quoi au juste ?

Une piste : que l'amour et la qualité de nos relations sont d'une importance cruciale pour notre bon fonctionnement biochimique, notre développement social, notre santé psychique et la qualité de notre vie. Et que la qualité des relations est la responsabilité de tout un chacun.

Certes aimer, créer et entretenir des relations épanouissantes est un job à plein temps, qui nécessite un véritable socle de valeurs ainsi que des compétences spécifiques (qui s'apprennent). Discerner ce qui se joue en soi, comprendre ce qu'il se passe sous ses yeux, exprimer ses besoins et ses limites, identifier le juste, le bénéfique pour soi, ainsi que le bancal – voire le néfaste. Puis, surtout, savoir poser les termes, sortir des « fuis-moi, je te suis », des « silences radio » et « des chaud/froid »... et prendre ses responsabilités dans toutes les étapes d'une relation.

Vous savez quoi ? Je me demande ce que les symptômes de la romance moderne décrits précédemment traduisent de nos lacunes relationnelles et culturelles (puisque l'amour n'est pas qu'un sentiment, c'est aussi une culture). Qu'aurions-nous tout intérêt à muscler chez nous et dans nos codes de conduite personnels ?

(Mes go-muscu, on passe tellement d'heures à la salle chaque semaine à se forger une *shape* incroyable toute l'année, peut-être qu'on pourrait à un moment en faire de même avec nos compétences relationnelles ?)

« On ne se doit rien »

Le nouveau paradigme de la romance moderne a donné naissance à une nouvelle nomenclature des relations amoureuses et des complexités inédites. Je vous propose un petit récap, pour vous remettre à la page.

Autrefois, on identifiait les typologies de relations, telles que :

- flirt
- petit(e) copain/copine
- amoureux, amoureuse
- amant/maîtresse
- en couple
- fiancé(e)
- en concubinage
- marié(e)

Aujourd'hui, on parle de :

- *date*
- crush (avec la variante « ++ »)
- plan Q non exclusif
- plan Q exclusif
- plan Q régulier
- casse-croûte
- plan cœur
- pré-couple
- pote avec avantages
- c'est compliqué
- *situationship*
- célicouple
- couple exclusif
- polyamoureux, polyamoureuse
- relation ouverte
- relation sans engagement
- relation libre
- et j'en oublie !...

Sacré concept très contemporain, ce petit lexique, pour une époque qui semble valoriser les relations sans contours ni étiquettes.

(Je reviendrai un peu plus tard sur les aspects positifs du libre-échange amoureux de notre époque.)

Avec cette nomenclature, un flou relationnel s'est répandu, et cela a impacté de plein fouet des valeurs fondamentales telles que la fidélité, en faisant bouger les lignes et toutes ses sous-modalités. Au nom du « on ne se doit rien », il n'existe plus aucun contrat – même implicite – de relation. Conséquence : la désinvolture associée au « casual sex[2] » devient, en fait, la porte ouverte à la désensibilisation émotionnelle, au manque d'empathie, aux incivilités, ou encore aux mauvais traitements. Gardons le moral.

Auparavant, il était d'usage de parler d'« aller voir ailleurs », de « faire cocu », d'« avoir une liaison », de tromper, de trahir (clair et net), lorsqu'un des partenaires vivait une expérience ou une aventure sexuelle et/ou sentimentale, hors de son couple, avec une tierce personne – hétéro ou homosexuelle.

Précisions : la tromperie, l'infidélité, l'adultère, les relations cachées ne datent pas de l'arrivée d'Internet. Il suffit de lire des livres anciens pour se rendre compte que nous n'avons rien inventé en la matière, et que nous ne sommes probablement pas pire que nos ancêtres.

Ce que je constate, vu de ma fenêtre, c'est que certaines relations sont devenues des espaces d'attente, de satisfaction et d'utilités multiples (divertissantes, sexuelles, affectives, réparatrices, transitoires, communicationnelles, etc.) ; et que, de ce fait, l'infidélité connaît un enrichissement sans précédent de ses manifestations – au-delà de la sémantique.

Bon. L'infidélité est, à la base des bases, une violation de la confiance dans une relation de couple, où l'engagement, les désirs, les promesses et l'intimité sont gravement affectés. Il y a encore quelques décennies, la fidélité était encore l'un des piliers fondamentaux qui permettaient la stabilité de la relation. À l'inverse, aujourd'hui, la fidélité est parfois une simple option au bon déroulement d'une relation amoureuse, et elle est même parfois revendiquée comme un label de virilité ou d'empowerment[3]. Je trouve ça extrêmement gênant, pas vous ?

« À quel moment commence l'infidélité, à notre époque ? »

J'ai posé cette question sur Instagram dans un sondage auprès de plus de 5 000 personnes entre 18 et 42 ans. Voici les réponses les plus récurrentes que j'ai reçues :

> « Parler en DM avec quelqu'un d'autre ou plusieurs autres personnes secrètement, en mode séduction. »
> « Voir quelqu'un d'autre, sans que ton partenaire le sache. »
> « Sortir toutes les semaines en boîte de nuit pour faire de nouvelles rencontres. »
> « Envoyer des photos de soi suggestives à quelqu'un d'autre que son conjoint. »
> « Suivre et liker des comptes sulfureux sur Instagram. »
> « Regarder du porno. »
> « Se dénuder sur les réseaux, pour attirer l'attention d'autres personnes. »
> « Discuter de tes problèmes de couple avec quelqu'un qui te plaît. »
> « Quand il y a complicité et que l'on cherche à passer du temps avec son compagnon. »

« Dès que l'on pense à une autre personne que son conjoint, avec de l'attirance et des intentions. »

Les infidélités dites « émotionnelles » constituent l'ensemble des réponses que j'ai reçues.

Nos usages et la culture du dating moderne ont clairement contribué à complexifier le terrain de l'infidélité. Je sais, ça ne fait pas plaisir à lire.

Ce que l'on se doit

Premier *date*, premier baiser, première nuit… Nous sommes nombreux à nous demander à quel moment il est opportun d'exprimer ses volontés sur la relation et d'en définir le cadre.

Allons droit au but : pour qu'une chose soit sue, il faut qu'elle soit dite !

Je crois que définir sa relation dès les premiers rendez-vous, en exprimant ses souhaits et attentes, est un fondamental – même quand on couche ensemble sans intention de tomber amoureux.

Je suis clairement de ceux qui annoncent la couleur et posent leurs intentions, claires comme de l'eau de roche.

Lorsque j'ai rencontré mon amoureux, j'avais parcouru près de deux ans de deuil relationnel, et j'ai eu le temps d'introspecter sur mes souhaits véritables. C'est très spontanément et surtout en toute décontraction, dès le premier *date*, que je lui ai dit ce que je voulais voir se réaliser dans ma vie amoureuse : trouver l'homme avec qui je fabriquerai de l'amour et du kif sur la durée, tout en restant ouverte à tous types de relations, parce qu'« il faut bien commencer quelque part ».

Puisque j'avais très envie de savoir ce qu'il en était pour lui, je l'ai simplement questionné sur ce à quoi il aspirait à court terme et au-delà. Il s'est livré sans bégayer sur ses envies à cette étape de sa vie.

Ce qui a facilité les choses, c'est que nous aspirions au même pragmatisme (faire connaissance, passer du bon temps, et on verra ce que ça donne...), et surtout à la transparence.

Nous ne savions rien de ce qui allait advenir de nous deux, mais cette conversation sans jeu, sans calcul et cash pistache a naturellement ouvert l'échange à nos conceptions de l'amour, à nos histoires respectives récentes, à nos croyances sur ce qui use ou détruit les couples, à la cohabitation et au chacun-chez-soi, entre autres. Elle a donné le ton de notre pacte relationnel pragmatique, où chacun peut exprimer librement ses besoins – sans peur, sans mascarade ni déni, et sans chichi.

Ce pacte a connu sa première grosse mise à jour au troisième mois de relation.

Nous nous trouvions dans une *situationship* : nous dormions et nous réveillions ensemble plusieurs fois par semaine, nous passions les week-ends ensemble, partagions beaucoup d'intimité émotionnelle, ainsi que nos passions pour le sport et la nourriture. Nous échangions, du matin au soir, SMS, vocaux, vidéos + des reels sur Insta... En bref, nous étions devenus très fusionnels. Pour autant, nous n'avions pas posé de mots sur ce qu'était notre relation.

Alors j'ai lancé une des questions de base : « Est-ce que tu discutes avec d'autres filles que moi ? » Il a répondu en toute franchise (*BIG UP*) : « Oui, je discute avec d'autres filles, mais ce que l'on partage toi et moi compte vraiment pour moi et si tu le souhaites, je coupe tout contact immédiatement avec ces filles. » Puis il nous a fallu une crise, des larmes, trois jours et un dimanche après-midi de conversation pour que chacun conscientise et exprime son souhait d'exclusivité et de couple – cartes et attributs sur table.

Qu'on se le dise, j'ai une aversion très prononcée pour les relations où l'« on ne se doit rien ». Il me semble qu'à partir du moment où l'on partage une intimité quelle qu'elle soit on se doit au minimum de la transparence, même si cette relation ne doit pas aller forcément « quelque part ».

Ça peut paraître vieux jeu dit comme ça, mais pour être bien vécue par tout le monde, toute forme de relation devrait reposer sur l'écoute de soi et de l'autre, l'expression claire des besoins respectifs, leur compréhension et l'envie de bien traiter la personne en face de soi, plutôt que de la considérer comme une marchandise interchangeable (que l'on pourra de toute façon remplacer en un swipe).

Parce que le flou dans les relations induit au cerveau la recherche permanente de sens, de rationalisation et de cohérence, entre ce qu'il ressent, voit, entend et vit.

Et notre caboche souffre fort de points d'interrogation, de points de suspension et d'incohérences.

Ne pas savoir où l'on met les pieds et son énergie peut faire l'objet de grandes douleurs, de fixettes, voire d'un sentiment de dépossession de sa vie amoureuse ; comme si on n'arrivait plus à agir comme on le voudrait, comme si on subissait un truc qui ne nous enchante pas.

Je rappelle qu'à la base nos relations amoureuses devraient être un lieu de kif !

Alors j'insiste : créer un pacte de relation et en poser les termes dès le début, avec un franc-parler, est fondamental. *Spoiler alert* : c'est une compétence à développer, qui vous sera utile et salvatrice dans les différents domaines de votre vie.

Et, puisqu'un pacte de relation est évolutif, le mettre à jour périodiquement en posant des questions « qui fâchent » (ou même pas, poser les questions tout court), dès que le besoin de clarifier se fait sentir, est une hygiène.

Pour opérer ces mises à jour, il convient de faire des autodiagnostics fréquents sur ce que l'on ressent, ce que l'on pense, ce qu'il se passe dans les faits, ce que l'on vit à l'intérieur de soi…, et entre ce que dit et fait l'autre, puis le partager en conscience avec cette personne.

Quel que soit le type de relation que l'on construit, c'est la responsabilité qui incombe à chacun. Fâchez-vous comme vous voudrez : c'est même l'un des fondements d'une relation mature et saine.

Alors prenez les devants, lâchez les modes de fonctionnement passifs qui n'ont pas porté leurs fruits dans vos relations, sortez du mode automatique, et allez chercher par vous-même ce qui vous rendra heureux·se, en commençant par vous autoriser (et vous autocoacher) à énoncer vos désirs.

S'aimer soi-même d'abord ?

Une des petites injonctions les plus fumeuses du développement personnel : « Il faut s'aimer soi-même avant de se mettre en couple. »

CERTES, s'aimer soi-même est une boussole indispensable pour poser ses limites dans le cadre de ses relations interpersonnelles. Largement subjective et personnelle, je définis cette notion par le fait de développer une plus grande conscience de soi, de savoir dire ce que l'on veut, sans avoir peur de perdre l'autre, sans douter de la légitimité de ce que l'on ressent. Dire oui à ce qui nous fait kiffer et nous exalte, et dire non (et ciao) à ce qui ne nous convient pas.

Cette attitude bienveillante et consciente envers soi-même implique plus largement de se responsabiliser activement, et à tout plein d'égards.

Cela passe par une écoute fine de ses ressentis, une conscientisation de ses aspirations et de ses déclencheurs de frustration (ou de fuite). Cela passe aussi par la capacité à faire les choix les plus bénéfiques pour soi, à prendre des décisions parfois tranchées qui vont dans le sens de son bien-être ; et en prenant soin de sa santé mentale, physique et émotionnelle.

Bref, s'aimer soi-même, c'est agir avec courage, intégrité et respect envers soi-même (et parfois envers et contre tous, à contre-courant des injonctions, des usages répandus et des attentes extérieures). C'est œuvrer avec authenticité pour créer des interactions saines, équilibrées et satisfaisantes avec les autres.

Comme l'amour de soi est le travail de toute une vie et qu'à mon sens il n'est jamais parfait (et si on attendait qu'il le soit, eh bien on serait bien embêté toute notre vie pour établir des liens affectifs significatifs. Il y a des chances pour que l'on trouve toujours de bonnes raisons de rester solo dans sa grotte), l'idée que l'amour de soi est un prérequis absolu pour entrer dans une relation amoureuse soulève mes doutes.

Si – et seulement si – on s'y engage sur la base du désir d'une véritable rencontre, les relations peuvent justement être des catalyseurs pour renforcer l'amour et l'estime de soi, puisqu'elles offrent des occasions de croissance personnelle, de réflexion sur soi-même et de prise de conscience de ses besoins et désirs profonds. Travailler sur soi tout en créant des relations conscientes et bénéfiques est à la portée de tous.

Ce qui me fait dire ça, c'est que j'ai constaté ces dernières années sur les réseaux quelques dérives ou mésinterprétations de l'amour de soi, avec la prolifération de messages et d'injonctions dans le sens d'un « moi d'abord » toxique, de repli, enfermant.

Florilège de ce que l'on s'inflige à soi parfois (coucou et pas merci, la pression à la réussite sociale)

« Je dois être parfait·e en tout. »
« Si je ne réussis pas en amour, je ne vaux rien. »
« Je dois être heureux·se et good vibes tout le temps. »
« Je dois avoir un partenaire idéal. »
« Je ne peux pas échouer. »
« Je dois atteindre la meilleure version de moi-même. »
…

Poke, la pression à la réussite sociale ! Merci de nous lâcher la grappe. Bien sincèrement.

Ce qui me chiffonne, c'est que quand l'amour de soi vire à l'individualisme je crains que cela génère et accentue des attentes amoureuses autocentrées (et irréalistes). Et que ce qui partait d'une intention positive contribue à des dérives comportementales « carcans », comme ne percevoir l'autre que par le prisme de ce qu'il (ou elle) peut nous apporter, développer des attentes irréalistes, ou encore rechercher l'amour avec des critères similaires à ceux du choix d'une voiture… Bref, bâtir sa vision de l'amour sur un archipel de croyances limitantes.

De ce que je constate dans certaines de mes consultations, l'argument de « s'aimer soi-même avant tout » peut aussi cacher une résistance au changement dans notre rapport aux autres, au monde et dans notre intelligence relationnelle. Il m'est arrivé à plusieurs reprises d'accompagner de jeunes adultes – hommes et femmes – aliénés dans un dogme à la sauce « #MeFirst[4] », par peur de souffrir à nouveau en amour, par manque de connaissance de ce que peut être une relation épanouissante, par manque d'outil pour appréhender la gestion de leurs émotions et des inconforts avec un autre, ou encore par opposition au schéma familial…

Mon postulat est qu'il n'y a pas de meilleure version de vous-même, et qu'il convient d'éviter l'optimisation individuelle à outrance, qui n'a aucun sens et qui peut faire beaucoup de dégâts. Cette quête incessante de la « meilleure version de soi-même » devient une injonction au perfectionnisme toxique, alimentée par un développement personnel (de chez wish) qui m'agace, et qui nous pousse à croire que nous devons constamment nous améliorer pour être acceptés, aimés ou valorisés. Si ça vous parle, rassurez-vous, cette micro-trend va disparaître. Merci, et bon vent !

En outre, l'amour de soi et le lien à soi sont indispensables pour bien se connecter aux autres. C'est un processus d'ouverture au monde, un voyage d'exploration et de découverte de notre identité profonde qui s'étend sur toute la vie. Les rencontres peuvent agir comme des catalyseurs pour cultiver cet amour de soi. Puisqu'elles nous mettent face à nous-mêmes, ouvrent notre conscience et nos horizons, remettent en question nos croyances, nous aident à dépasser nos limites et nos peurs, et nous poussent à grandir, à développer de nouvelles compétences et à évoluer en tant qu'individus.

Alors peut-être que la véritable question n'est pas de savoir si l'on doit s'aimer soi-même avant d'aimer les autres, mais plutôt de se demander comment les relations que l'on choisit d'investir – quelles qu'elles soient – peuvent nous guider sur le chemin de la découverte de notre amour-propre et de la richesse de l'amour véritable. Savoir également ce que l'on veut vivre dans une relation amoureuse vs ce que l'on veut trouver sur une application de rencontres, qui peuvent être des choses diamétralement différentes.

S'aimer soi-même et aimer quelqu'un d'autre que soi à n'importe quel moment de sa vie, en parallèle, en alternance, à distance, quel que soit le format de relation..., fait partie des défis de l'existence ; et j'encourage à vivre cette expérience humaine autant de fois qu'on le souhaite et qu'on en a la capacité. Tant que l'intention est de fabriquer de l'amour et de s'apporter du bien-être mutuel, avec un autre humain.

Pour savoir si vous êtes au bon endroit, demandez-vous simplement si vous contribuez au bonheur de quelques personnes, d'une manière ou d'une autre.

Le #Mefirst responsable : passer du limitant au militant

Comment pouvons-nous embrasser le changement intérieur nécessaire pour cultiver des relations de qualité ?

À mon sens, dans un contexte de post-rupture, la carte du #Mefirst est 100 % cruciale, puisque, si on ne profite pas d'une séparation pour se remettre sérieusement en question, et comprendre là où ça a péché, il y a de forts risques d'échouer à nouveau dans ses relations.

Le problème, c'est qu'à peine une séparation actée certains d'entre nous se remettent en recherche ou en couple illico. VITE, VITE ! Toutes les raisons sont valables : oublier, se convaincre qu'on s'en foutait, apaiser ses douleurs, éviter à tout prix la solitude, s'apporter du réconfort, de la légèreté, ou encore par vengeance.

Bref, on connaît tous les relations-pansements. Ces béquilles qui remplissent la fonction support de notre solitude, cette fonction comblement du vide affectif, ou encore fonction de divertissement pour s'occuper le corps et l'esprit, tout en apaisant temporairement les blessures de l'ego.

Si nous sommes si nombreux à y avoir recours, c'est qu'avec une nouvelle conquête le processus biochimique de la récompense est réactivé en flèche (recoucou, le cocktail massif de noradrénaline et de dopamine). C'est un mécanisme réflexe du cerveau qui sert – si je résume grossièrement – à nous protéger de notre propre peine, puisqu'une rupture quelle qu'elle soit provoque un état de détresse émotionnelle.

Par chance, on peut contrecarrer ce mécanisme comportemental automatique avec quelques choix conscients, comme favoriser une période de repli, une convalescence amoureuse ou une bonne détox émotionnelle en solo[5]. *Un petit protocole de convalescence amoureuse s'est glissé dans les pages qui suivent, au cas où...*

Peu importe le nom que l'on choisit de lui donner, cette période offre l'opportunité de se recentrer, de se redécouvrir, de se consacrer à soi-même.

Les amitiés et la famille (choisie) sont des éléments tout aussi importants de notre *support system* à ces étapes de nos parcours. Les gars, vive les amours platoniques !

C'est un moment difficile, certes, mais fondateur pour se réapproprier son identité, sa vie, ses souhaits, ses besoins, son indépendance ; pour renouer avec des passions et en explorer de nouvelles, comme un sport ; ou encore pour opérer une reconversion professionnelle (ce qui a été mon cas !).

Si on refoule ou esquive ce processus naturel, si on ne transmute pas ses blessures, elles se transforment en blocages et peuvent nous faire vivre des schémas répétitifs d'échecs relationnels. Retenez bien que l'on ne guérit jamais de ce que l'on fuit...

Certes, ce n'est clairement pas l'option la plus fun, mais c'est le retrait temporaire du marché de la rencontre et la conscientisation de ses blessures qui permettent la transformation relationnelle. Parce que plonger dans ses blessures, c'est reconnaître ses besoins affectifs ; c'est en prendre soin, pour ensuite être en mesure d'opérer des choix de valeur.

À partir du moment où l'on se donne la possibilité de conscientiser, de reconnaître – puis de répondre à – ses besoins profonds affectifs, c'est justement là que l'estime de soi commence à se reconstruire. C'est là que l'on réaffirme et incarne davantage ses valeurs. C'est aussi après cela que l'on donne du sens, une signification à son cheminement, à ses épreuves et à ses rencontres.

Je vous vois venir, les impatients. Oui ça a l'air chiant, oui ça peut être parfois long. C'est clairement un processus progressif à contre-courant du « Je veux tout, tout de suite ».

Et, puisqu'il n'existe ni raccourci, ni *cheat code*, ni chirurgie esthétique pour apprendre à mieux se connaître et créer les relations qui nous font du bien..., je considère que c'est un passage bénéfique et peut-être salvateur, que j'encourage. Afin de cheminer vers une meilleure connexion avec soi-même, une connaissance de soi plus affûtée, pour des relations plus authentiques et épanouissantes.

Protocole de convalescence amoureuse

Ce protocole vise à créer un espace de guérison, tout en enrichissant votre vie d'expériences nouvelles et connectées, renforçant ainsi votre résilience face à la solitude, et favorisant une transition saine vers un nouveau chapitre de votre existence.

Phase 1 : accueil des émotions (semaines 1 et 2)

- Accueillir les émotions
  - prise de conscience : identifiez vos émotions journalières et écrivez-les dans un journal ;

  - expression : utilisez l'écriture, la créativité, ou parlez-en à un ami de confiance.
- Incorporer des micro-nouveautés dans votre quotidien : chaque jour, engagez-vous dans une activité nouvelle (par exemple : apprendre une nouvelle recette, essayer un nouveau coffee shop, ou prendre un nouvel itinéraire).
- Moments doudoux : prévoyez un moment chaque jour pour une activité qui vous distrait en douceur (regarder un film, lire un livre).
- Activité physique : essayez une nouvelle forme d'exercice (yoga, danse, course à pied, étirements...). Ciblez au moins 30 minutes par jour.

Phase 2 : période d'introspection (semaines 3 à 4)

- Instaurer une période de repli
  - supprimez les interactions avec votre ex, évitez les apps de rencontres, les réseaux sociaux, et concentrez-vous sur votre bien-être, hors des écrans.
- Antidote au sentiment de solitude
  - planifiez des rencontres régulières avec des amis, votre famille, vos collègues préférés, ou participez à des activités communautaires (bénévolat, sports d'équipe). Soyez proactif, sortez du mode automatique (je sais, ça demande beaucoup d'efforts, mais le jeu en vaut la chandelle) ;
  - lancez-vous un défi avec un ami, sur plusieurs jours (par exemple : un défi sportif de 30 jours, apprendre une nouvelle langue...).
- Intégrez de la nouveauté dans votre vie : une nouvelle routine, un nouveau look, de nouvelles habitudes

alimentaires, une nouvelle activité culturelle ou créative, une fois par semaine… Visez ce qui vous fait du bien et ce qui vous fait plaisir.

- Activité physique : engagez-vous dans des sports collectifs ou des cours de groupe, pour rencontrer de nouvelles personnes, tout en augmentant vos niveaux d'hormones du bien-être.

Phase 3 : réflexion et détente émotionnelle (semaines 5 et +)

- Faire un travail de réflexion
  - notez les leçons apprises, et posez vos objectifs pour l'avenir.
- Antidotes à la solitude
  - inscrivez-vous à des ateliers ou des cours pour élargir votre cercle social ;
  - participez à des sorties organisées (randonnées, séances de découverte).
- La nouveauté, encore et toujours : testez des activités que vous avez toujours voulu essayer (cours de cuisine, dessin, randonnée). Organisez un voyage qui vous tient à cœur.
- Maintenez l'activité physique : rejoignez un club de sport (course à pied, natation, arts martiaux, salle de sport).

Phase 4 : renaître et se réinventer (semaine 6 et au-delà)

- Sollicitez un soutien externe, si besoin : un thérapeute ou un coach.
- Écrivez une lettre à votre futur vous, en décrivant les expériences que vous espérez réaliser.

- Lancez-vous des défis sportifs (course, randonnée), pour célébrer vos progrès.
- Poursuivez la proactivité dans vos nouvelles activités et dans l'ouverture aux expériences nouvelles au quotidien.
- Temporalité : chaque phase dure environ une à deux semaines, permettant une progression douce selon votre ressenti.
  À la fin de chaque phase, évaluez vos émotions et vos progrès, et adaptez le protocole selon vos besoins.

Il est important de rappeler que ce protocole n'est qu'une suggestion, et qu'il ne doit pas être considéré comme une baguette magique. Chaque expérience de rupture est unique. Et si vous ressentez un mal-être profond, avec des manifestations émotionnelles intenses telles que des pleurs fréquents ou des symptômes physiologiques comme un manque d'appétit, des troubles du sommeil ou des douleurs persistantes, il est crucial de consulter un professionnel de santé. Un psychologue, un psychiatre ou un médecin pourra vous apporter le soutien nécessaire et approprié pour traverser cette période difficile. Votre bien-être est la priorité, et il n'y a pas de honte à demander de l'aide.

Il est clair que la navigation dans les eaux troubles des relations modernes demande une clarté d'intention ainsi qu'une conscience aiguë de ses propres besoins. Eh oui, les ami·e·s, on n'a rarement rien sans lever le petit doigt... Mais je peux vous promettre que le jeu en vaut la chandelle !

Établir des fondations solides pour des relations de qualité, c'est surtout développer une communication efficace, non violente, faire preuve d'empathie, d'écoute active, et résoudre les conflits..., tout en jonglant en permanence avec nos capacités à embrasser le voyage permanent de la connaissance de soi, et en vivant nos relations comme des miroirs et des alliées, pour mieux comprendre nos besoins et nos limites.

Contrecarrer la complexité croissante des relations amoureuses à notre époque est tout à fait possible au niveau individuel et collectif. Et, à mon sens, cela passera par nos comportements et micro-décisions du quotidien, comme faire le choix de la patience, de la tolérance et de la compréhension mutuelle dans les relations plutôt que de *skiper* frénétiquement ce que l'on ne comprend pas ou ce qui ne nous divertit pas.

Oser la communication ouverte, transparente et en initiative, plutôt que de subir des malentendus ou des entre-deux relous.

Privilégier la qualité des liens et la profondeur des connexions, des compatibilités et des partages, plutôt que de survoler la multiplicité des profils.

Comprendre également ce que les apps font et ne font pas pour nous. J'y reviendrai.

Se construire soi, trouver son propre équilibre et poursuivre ses objectifs personnels, avant d'aller chercher à l'extérieur ce qui pourrait combler notre vide de sens intérieur. Et surtout aller trouver de l'aide extérieure dès qu'on sent que ça freine, que ça bloque, que des schémas se répètent ou qu'il y a souffrance. Il est à la portée de tous d'apprendre à naviguer dans cet environnement relationnel complexe et exigeant, sans jamais compromettre son bien-être émotionnel.

CHAPITRE 4

Démanteler le prêt-à-penser et les mythes amoureux toxiques

> « L'arnaque en amour, c'est quand on joue un rôle au lieu d'être soi-même. »
>
> — **Marc, dans *L'Arnacœur*[1]**

Maintenant que nous nous sommes bien chauffés sur le nouveau terrain de jeu de la romance moderne, ajoutons-y une couche, avec la recette du fameux cocktail des croyances limitantes collectives – si le mood vous en dit.

Le constat est que les relations amoureuses contemporaines ont vécu de profondes transformations, en intégrant progressivement des dimensions politiques et sociétales. Je fais bien référence au capitalisme. Dans les faits, dans cette société de l'immédiateté, hommes et femmes souffrent « par amour » en rêvant d'un modèle augmenté de partenaire qui n'existe pas, en étant en quête perpétuelle d'un autre idéal qui viendrait sauver leur existence et lui donner un sens. En bref : nous ne pouvons plus ignorer que la quête permanente crée le manque, puisque le capitalisme prospère justement sur la promotion d'idéaux inatteignables.

Dans ce grand bain aux illusions, où l'on nous martèle que l'on est libre (de consommer tout, quand on veut, comme on veut) et surtout responsable de son destin amoureux, ont fleuri mythes et arnaques culturels autour de l'amour, bien aidés par l'industrie du développement personnel et du divertissement – des mythes et du prêt-à-penser toxiques à souhait, individuellement et collectivement.

Pourquoi je vous dis tout ça ? Pour bien poser le contexte. Car ce que l'on désigne par le terme de « croyances limitantes » ne surgit pas de nulle part. Elles sont tentaculairement ancrées dans notre éducation ; et ce, depuis notre plus jeune âge.

Que ce soit à travers la musique (notamment la pop et le rap d'aujourd'hui), les séries pour ados de ces deux dernières décennies, la téléréalité (vous savez : les dynamiques de couple ultra-drama, avec des disputes, des insultes, des tromperies à gogo, des triangles amoureux et des règlements de compte *via* des stories interposées). Ces scénarios peuvent normaliser des comportements tels que la possessivité ou le conflit dans les relations, influençant la perception que les jeunes ont de l'amour, et même dans certains Disney de notre enfance. Depuis peu, la mouvance des coachs love autoproclamés sur les réseaux sociaux, et les injonctions et le prêt-à-penser autour de l'amour ont affecté en profondeur nos imaginaires et nos comportements dans les relations. On peut même assimiler cela à un conditionnement, puisque – hélas ! – de nos écrans à la vraie vie, il n'y a parfois qu'un pas.

Vous voyez venir le problème ? Surconsommés, les nouveaux médias de masse ont une réelle fonction prescriptrice, voire pédagogique, qui peut représenter un danger pour des individus « malléables » ou vulnérables émotionnellement (et je rappelle que nous pouvons tous être concernés). C'est un vrai danger pour des populations qui recherchent des réponses toutes faites, plutôt que de muscler leur pensée libre.

Un danger pour leur perception des relations, leur estime d'eux-mêmes et leur développement. Un danger lorsque la toxicité et les comportements malsains sont représentés comme la quintessence du romantisme…

Le danger réside surtout dans l'intégration de codes ingurgités sans aucune prise de recul ni remise en question, puisque tout le monde n'est pas en mesure de détecter la toxicité d'une représentation, d'un programme, d'un schéma, d'un cliché ou d'un message. Et tout le monde n'a pas appris à se poser de vraies questions (le cœur du problème est bien là).

Alors… oui, clairement, avec un bordel pareil, on aurait probablement tous besoin d'aller échanger avec un thérapeute à un moment ou un autre…

Donc reprenons : comment construire des relations saines, quand on a normalisé des comportements malsains ? Comment savoir ce que l'on veut vraiment, si notre quête ultime est de nous conformer à des représentations bancales qui nuisent à notre épanouissement ? Comment naviguer dans une société qui normalise même une certaine désensibilisation aux émotions ?

La première chose à faire serait d'identifier les conditionnements malsains et les représentations qui enferment nos imaginaires et nos émotions. Premier petit pas possible pour commencer à les déconstruire, à changer le narratif, puis à nous en libérer !

L'amour ferait *souffrir fort*

Héritage de l'idéal romantique que l'on traîne dans de nombreuses cultures et traditions, la souffrance en amour est parfois glorifiée comme une preuve d'engagement et de passion intense. Que ce soient les histoires romantiques des chansons, des films, des séries et des œuvres littéraires, tous ont contribué à idéaliser la douleur et la tragédie comme des éléments incontournables de l'amour véritable.

Aparté

AVEZ-VOUS DÉJÀ REMARQUÉ À QUEL POINT LA SÉMANTIQUE MORFLE D'AMOUR ?

« Tomber amoureux à en perdre la raison », « Avoir le cœur brisé », « Endurer un chagrin d'amour », « Souffrir en silence par amour », « Avoir le mal d'amour », « Être déchiré entre l'amour et la douleur », « Aimer à en souffrir », « Mourir d'amour », « On ne fait pas d'omelettes sans casser d'œufs », etc.
Les expressions et mythes populaires qui associent le sentiment amoureux à la perte de soi et à la violence ne manquent pas. Ils sont même si nombreux que l'on pourrait être tenté d'associer le degré de nocivité d'une relation à l'intensité de ce que l'on ressent. On vous voit, les masochistes !

Le problème qu'il y a, c'est que l'amour devrait être associé à un espace de tendresse, de douceur, de soutien, d'estime, de rigolade, d'ouverture du cœur. Mais aussi de passion, d'intensité, de communion. Puisque, scoop, il est aussi possible de créer de l'intimité et de la profondeur sans fusionner, sans créer de dépendance affective, sans se perdre soi-même... Et cela ne rend pas pour autant nos amours moins belles, moins palpitantes ou moins intenses.

La paix, la bienveillance, la simplicité peuvent aussi être teintées de fous-rires, d'excitation, de nuits enflammées et de surprises. Et ces émotions se créent sur le temps long, à mesure que l'intimité émotionnelle et la confiance se développent.

Par le passé, j'ai moi-même été adepte de mon propre *auto-gaslighting*[2] et de mes conditionnements à la souffrance en amour, avec un syndrome du sauveur aigu ascendant Jésus-Christ, jusqu'à rencontrer l'homme rare avec qui je partage mon chemin de vie à présent.

Pour réguler mon rapport à l'amour, j'ai travaillé près d'un an avec une psychothérapeute sur mon rapport aux autres, à ma famille, et sur mon ouverture au monde (mon logiciel de base : « introvertie aiguë »). Aujourd'hui, même si je ne sais pas de quoi l'avenir sera fait, je sais que ce monsieur est bon pour moi à cette étape de ma vie, et que cette relation ultra-aimante m'aide à évoluer, à faire des pas de géant dans ma vie, dans un climat de sécurité intérieure, teintée également d'intensité des sentiments, de paix et de joie de l'âme. Loin d'avoir décroché un ticket gagnant réservé aux élu·e·s, je n'ai pas plus de chance qu'un·e autre.

Et cette intensité entre personnes bienveillantes et aimantes se développe à mesure que l'attachement se crée. Cela peut prendre des semaines, des mois. C'est aimer un peu plus chaque jour, construire une relation petit à petit (plutôt qu'aimer tout d'un coup, le temps d'un match, vite, vite, puis plus du tout…).

Pour vous la faire courte : cela nécessite de savoir se concentrer sur une seule personne, de sortir des logiques critéristes et des comportements de consommation… Encore faudrait-il savoir faire son introspection et les conscientiser.

L'idée ici est de se dire que nos relations sont là pour nous faire grandir, évoluer, rayonner ; bref, de nous dire que nos relations sont de merveilleux outils de cheminement et d'empowerment – si elles sont saines. En d'autres termes, et pour prendre un cas plus concret : vous pouvez dire que vous êtes amoureux·se de votre crush, mais est-ce qu'il vous soutient ? vous motive ? vous inspire ?

Retenez bien : si une relation nuit à votre bien-être, à votre tranquillité, freine votre développement, et est source de stress ou d'anxiété, ce n'est probablement plus de l'amour…, mais une forme d'attachement dysfonctionnel. Questionnez-vous sur ce que vous avez à gagner à y rester. Quels « bénéfices cachés[3] » en tirez-vous ?

Les relations toxiques sont de l'amour (coucou, les bad boys et les bad bitchs !)

Nous sommes nombreux à avoir été exposés à l'amour malsain dès notre enfance.

Nombre d'œuvres de fiction ou de divertissement ont glamourisé des « couples goals » des plus toxiques, des relations amoureuses au travers d'un prisme plutôt malsain, brouillant parfois les lignes du consentement, de la fidélité ;

ou faisant passer les dramas, les obsessions, les excès de colère ou encore la jalousie maladive pour de l'amour.

Chuck et Blair dans *Gossip Girl*, Edward et Bella dans *Twilight*, Big et Carrie de *Sex and the City*, Nabilla et Thomas Vergara… ont cela en commun : violences verbales, psychologiques, tromperies, insultes, trahisons, manipulations. Et, pour se rabibocher, beaucoup ont misé sur le sexe. Hélas, tout cela demeure aux antipodes des relations d'amour saines.

Le souci, c'est qu'à leur insu, ces références de pop culture conditionnent des millions d'individus à des dynamiques relationnelles dont la nocivité est à la fois masquée et excusée par l'intensité et la passion. On s'identifie à ces personnages, et certaines situations résonnent émotionnellement en nous ; et cela influe indirectement sur nos préférences, nos imaginaires, puis nos choix amoureux. C'est bien tout le fond du sujet.

Quoi qu'il en soit, les dramas, la tromperie, la trahison, l'humiliation et la toxicité dans les relations ne sont pas de l'amour, mais des symptômes de dysfonctionnement ; autrement dit : de bons gros red flags des familles.

Aparté

BIEN SOUVENT, ON RETROUVE DES MODÈLES COMMUNS AUX INDIVIDUS VALORISANT LES RELATIONS DITES « TOXIQUES ». HOMMES ET FEMMES SONT TOUT AUTANT CONCERNÉS.

On peut avoir grandi dans des environnements familiaux où la souffrance, les conflits et le sacrifice étaient assimilés à l'amour. Et pas que.

Des expériences passées de relations malsaines peuvent aussi influencer nos choix de partenaires. Aussi, ces modèles de relation dysfonctionnels peuvent contribuer à perpétuer la croyance qu'endurer de la souffrance est nécessaire pour prouver sa loyauté et son engagement amoureux.

De même, chez nombre d'individus, l'interprétation des émotions intenses – telles que la jalousie, l'obsession ou la peine – est bien souvent erronée. Elles font l'objet de distorsions, de raccourcis ou d'inférences arbitraires. Clarifions : les ambiguïtés émotionnelles et les hauts/bas continuels sont bel et bien des schémas de relation dysfonctionnels. De plus, ils créent des dynamiques addictives, des dépendances émotionnelles, qui mènent à une confusion entre intensité émotionnelle (voire certains types de violences psychologiques) et authenticité affective.

Du reste, le besoin de validation et une faible estime de soi peuvent aussi mener certains individus à rechercher des personnalités aux traits de caractère supposément dominants, enjôleurs, « vibrants » (tout est relatif), pour tenter de se prouver à eux-mêmes et au monde qu'ils ont de la valeur.

Pour certains, il est apparemment préférable d'endurer un amour bancal que de se retrouver face à soi-même, dans la solitude. Après tout, même une relation pourrie peut avoir son petit confort ! Qui a dit que risquer l'inconnu était plus excitant que de rester en zone de confort, même si cette zone est tout sauf épanouissante ?

Pour d'autres, il s'agit d'un désir inconscient de sauver, de changer ou de guérir son partenaire « toxique » (le fantasme du bad boy, ou de la bad bitch, nourrit parfois une dynamique de relation fondée sur le syndrome du sauveur[4]).

Dans ce genre de schéma, on peut projeter sur un partenaire une partie de soi-même, qui a besoin d'être entendue, prise en compte, compensée, voire sauvée ou réparée... Ce qui m'amène à dire qu'une relation de sauvetage n'est pas une relation d'amour, mais bien une relation de pur ego.

Lorsqu'il y a souffrance, blocage ou volonté de transformer, l'enjeu consiste à reconnaître les schémas relationnels que l'on répète et/ou ceux qui ne nous conviennent pas vraiment, puis de décider, en individu libre, ce que l'on peut changer et veut voir se réaliser dans sa vie amoureuse. Se faire aider par un professionnel peut être nécessaire pour comprendre ce qui se joue, briser ses schémas et croyances associées, et éclairer ses perceptions.

Il existerait une bonne personne pour chacun de nous

Nous avons aussi grandi avec des contes de fées, avec leurs princes et princesses prédestinés... Le mythe de l'autre providentiel demeure solidement ancré dans notre inconscient collectif culturel ; la romance 2.0 n'a pas détrôné ce fantasme.

D'autres courants de la culture développement personnel et spiritualité New Age ont également nourri des mythes de l'âme sœur, et plus récemment de la flamme jumelle, de l'injonction à trouver sa « moitié d'âme »..., puis ont contribué à façonner notre perception de l'amour.

Mais, bien souvent, cette perception se heurte à une réalité bien différente des concepts qui nous ont été servis à toutes les sauces.

Ces dissonances flagrantes entre théorie et réalité mènent nombre d'entre nous à se sentir en échec, inadaptés, inférieurs, largués, voire laissés pour compte, sur le (nouveau) marché de l'amour.

Ce mythe de la bonne personne est problématique, même s'il alimente le désir, l'espoir. En revanche, son revers est enfermant, puisqu'il nous englue dans une logique critériste, avec des listes à n'en plus finir, des règles, des attentes... Tout cela nous enferme dans une quête de quelque chose qui n'existe pas. Il arrive que nombre de personnes rencontrent des partenaires qui cochent toutes leurs cases... ; mais, pour autant, elles ne construisent pas une relation épanouissante avec ceux-ci. Force est de constater que l'amour et les rencontres véritables, bien souvent, se jouent de nos croyances et les font voler en éclats.

J'ai compris que le véritable amour ne consiste pas à attendre la personne idéale ni à trouver quelqu'un qui réponde à tous mes critères. L'amour, c'est ouvrir son cœur à ce que l'on n'attend pas, c'est rencontrer un être tout à fait imparfait et bancal, puis de construire avec lui une histoire aussi belle que compliquée.

Il ne s'agit pas de trouver la bonne personne, mais de s'ouvrir à des rencontres qui déjouent nos attentes et qui « agrandissent notre regard sur le monde », comme l'explique Charles Pépin dans son ouvrage *La Rencontre*[5] (que je recommande).

Des rencontres, plutôt que LA rencontre. À notre époque, nous vivons plusieurs vies dans une vie ; aussi, plusieurs personnes pourraient correspondre à nos besoins et attentes à différents moments de notre vie et de notre évolution personnelle. Et si, tout au long de notre existence, nous pouvions construire de nouvelles intimités qui ne se développent pas sur les mêmes bases et qui se nourrissent de nouveaux ingrédients ?

Mon ego fragile et mon côté *old school* en amour ne prônent ni les polyrelations simultanées ni les relations ouvertes. J'ai simplement le sentiment que la vie amoureuse contemporaine peut être séquencée de saisons, de cycles, d'épisodes plus ou moins longs… L'amour nous transforme, et les changements intérieurs permanents que nous vivons au quotidien, ainsi que nos ambivalences nous mènent inexorablement à développer de nouveaux désirs, aspirations… ou choix de vie.

L'amour serait suffisant et l'amour inconditionnel pourrait tout surmonter

Dans la croyance populaire, on peut tout supporter, et « l'amour inconditionnel » serait la clé du bonheur dans les relations.

Mais quel monde idéal, quelle beauté de prôner l'amour magique sans aucune condition ! Fluide, coulant de source, désintéressé, sans aucune attente, un épanouissement intuitif, sans effort. Et quelle attitude si merveilleusement altruiste et compréhensive : tout accepter de l'autre et s'y contraindre, même s'il part en sucette, qu'il nous manque de respect… Tel un bouddha du haut de sa montagne : juste accepter, ne rien en attendre, ne porter aucune appréciation, faire fi de ses émotions et n'émettre aucune contestation. La théorie est un si doux pays !

Cet « amour inconditionnel » – présenté comme magique, à force d'être absolu et conceptualisé – est tout simplement irréaliste dans notre monde réel (peut-être l'est-il dans le métavers…). Si je résume : nous ne devrions avoir aucune émotion, aucune attente, et faire disparaître nos désirs et besoins ? Or peut-on vivre sans les ressentir, les satisfaire, ni même les exprimer ? Arrêtons les foutaises : c'est justement là-dedans que l'on signe la nécrose de la relation à soi et à l'autre.

Reposons les bases : aimer, ce n'est pas capituler et se transformer en paillasson, ni accepter sans moufter toute situation dysfonctionnelle ou abusive. Ça, ce n'est pas de l'amour ; j'appellerais plutôt cela du « renoncement », de la « soumission », voire de la « posture sacrificielle », qui repose souvent sur une défaillance de l'estime de soi. *Débullshitons-nous* un bon coup.

Et si l'on s'en tient à la réalité du terrain, les professionnels de la santé mentale dans leurs cabinets constatent une recrudescence des séparations, alors même que, bien souvent, l'amour (ou l'attachement) est encore présent dans le couple.

Grosso modo, les couples finissent par se séparer par manque de compréhension, de communication, par perte du lien, de la complicité et de l'intimité émotionnelle, suite à des infidélités ou encore à des problèmes financiers... Sauf que ce n'est pas le manque d'amour qui mène aux séparations, mais les négligences, le mode automatique, le fait de prendre l'autre pour acquis, de le traiter comme un meuble ou un pourvoyeur de services, le fait d'éviter les conversations profondes, de ne pas résoudre les problèmes, d'ignorer les besoins et de fuir ses responsabilités...

Si cela résonne un peu en vous, tranquille. Mettons les choses au clair une bonne fois pour toutes : non, l'amour ne suffit pas.

Ce n'est pas une force mystique qui peut surmonter aveuglément les obstacles et défis d'une relation, et ce n'est pas l'application d'un principe. À l'inverse, l'amour est une construction, soumise à des cycles, phases et fluctuations, à l'image de ce qui constitue l'univers, la nature, notre corps, notre biochimie, ainsi que toutes les entités vivantes.

L'amour est une œuvre qui nécessite des actes, du dévouement (à différencier du sacrifice), de l'énergie, des questionnements, de la remise en question, des mises à jour. Aussi sensible que le lait sur le feu, il nécessite de la lucidité, de la volonté et de l'entretien au quotidien.

Avec l'amour comme valeur fondatrice, les relations requièrent nos ressources et qualités telles que la communication efficace, l'empathie, l'authenticité, la confiance mutuelle, le respect, la compréhension, le compromis et le soutien mutuel. Mais aussi la curiosité envers l'autre, la créativité, et la volonté profonde de faire de sa relation un havre de paix, de joie et de partage. Sinon, pour quoi faire ? Surtout pas pour souffrir ou pour sacrifier sa paix. Non merci, sans façon.

Sans ces postures actives à toutes les étapes de développement du couple (et dès le flirt), l'amour même le plus profond (ou idéalisé) peut s'effriter face aux pressions de la vie quotidienne, aux conflits et aux différences.

Il faut être lucide : l'amour, c'est juste un début, pas une destination. Et l'amour inconditionnel est une comptine, une béquille, une excuse, un trompe-l'œil pour justifier des dysfonctionnements ou de la déresponsabilisation. Mon opinion – impopulaire – est que tout amour est conditionnel.

La relation à l'autre, c'est un grand projet où l'on investit son temps, son cœur, son corps, sa tête. Où l'on pose aussi ses intentions, ses conditions et ses limites. C'est de ces efforts conscients que naît une forme d'alchimie.

Un des futurs possibles

Imaginez-vous, un matin, à peine réveillé, en train de consulter votre smartphone (ce doudou inséparable). Et là, vous découvrez que le monde du dating a subi une transformation spectaculaire. Comme dans un épisode de *Black Mirror*, la recherche de l'amour est désormais orchestrée par un algorithme omnipotent.

Dans cet univers, la romance traditionnelle s'efface au profit d'un système de notation implacable – un genre de pass sentimental, où chaque geste, chaque sourire, et jusqu'à vos émotions influencent votre score de popularité. Vos interactions, vos messages, vos réactions, tout est analysé, mesuré, souvent jugé. Exactement comme dans l'épisode « Nosedive » (saison 3, épisode 1), vous voyez votre valeur personnelle et votre identité romantique sans cesse évaluées par un algorithme impitoyable.

Chaque conversation devient un échange de platitudes, où l'important est de maintenir votre cote à flot. Les rendez-vous sont déterminés par un algorithme qui vous associe à des partenaires en fonction de vos cotes respectives. Gare à la moindre maladresse, qui pourrait entraîner une baisse de votre score. Une blague mal reçue, un mauvais timing dans la conversation, un peu de sarcasme, une lenteur de réponse, ou même un ghosting pourraient suffire à vous faire perdre un partenaire potentiel, car le système aura jugé que vous n'étiez pas à la hauteur.

Ces rendez-vous, dépourvus d'authenticité, se succèdent sans accrocs, dépossédés de la promesse de l'amour véritable. Ils deviennent des simulations, programmées pour minimiser les risques. Fini la spontanéité, l'inattendu, le charme du désordre. Tout est évalué : « Félicitations, vous avez obtenu 4,7/5 lors de votre rendez-vous avec Alex, mais attention il est noté à 3 en compatibilité. » Puis les profils disparaissent, sans explications, dans un silence bien glauque.

Dans ce monde régi par les algorithmes, éprouver de véritables émotions devient un tabou. Chaque interaction nécessite une évaluation soigneuse, une pression constante pour se conformer et prouver sa valeur. Comme un acteur sur scène, vous jouez un rôle, avec des dialogues sans saveur, des répliques machinales.

Les vraies conversations se transforment en échanges de banalités, chaque sourire étant une stratégie pour augmenter votre score. Après des dizaines de rendez-vous, l'immense paradoxe vous frappe : vous n'avez jamais été aussi seul·e, malgré l'accès à une file infinie de profils.

Dans vos rares moments d'introspection, vous vous questionnez : « Vais-je finir seul·e, avec mes chats ? », « Suis-je capable de bâtir une relation profonde ? », « Suis-je normal·e ? », Suis-je adapté·e à ce monde ? », « Le véritable amour existe-t-il encore ? »...

Si tout cela résonne un peu en vous, laissons de côté cette vision dystopique (ou presque), et réfléchissons aux conséquences de ce système.

Quelle est votre vision du lien amoureux ? Que désirez-vous partager ? Qu'est-ce qui vous attire vraiment dans la rencontre de nouvelles personnes ? Identifiez les comportements à améliorer chez vous pour enrichir vos relations à l'image de ce que vous souhaitez vivre. Et maintenant, par où commencer ?

Est-ce que la quête d'amour contemporaine mène au bonheur ? — Non.

Aujourd'hui, cette quête me fait penser à une forme d'aliénation, voire de dictature (la dictature du kif). La quête d'amour se résume aujourd'hui à consommer qui je veux, quand je veux. À être soumis à ses pulsions, dépossédé de son attention, dissocié de ses émotions, inhibé de l'empathie, décorrelé de sa conscience de soi, conditionné à de nouvelles normes qui nous enferment dans le devoir de réussite, de popularité, de performance…, qui empêchent les individus d'être heureux, et qui parfois les mènent à la dépression (lorsqu'il y a pression, il y a dépression).

La quête d'amour est une nouvelle injonction capitaliste. Toute l'industrie s'est mise en branle pour nous outiller dans ce mouvement. Même le développement personnel regorge de réponses toutes prêtes, de méthodes – parfois sous couvert de *neurobullshit* – pour nous faire croire que nous avons le contrôle et le pouvoir sur notre vie amoureuse, sur notre destin…, que nous devons mieux faire, et qu'il ne tient qu'à nous d'avoir une vie amoureuse heureuse et épanouie, avec obligation de résultat… Quelle belle époque culpabilisante !

Navrée, mais du point de vue de la thérapeute, ce cycle d'évolution ne fonctionne pas. Aussi, ressentir un fossé existentiel entre soi et le système avec intensité, ne pas savoir à quel saint se vouer sont des états émotionnels que nous devrions véritablement tous nous donner le droit de ressentir et d'exprimer, à une époque qui nous responsabilise (et nous culpabilise) de tout. Notre carrière, notre physique, notre bonheur, notre réussite, notre vie amoureuse…

Or nous ne pouvons pas être responsables de tout. La systémie[6] est un ensemble de conditionnements sur lesquels nous n'avons pas la main. Dans un système malade, bancal, toxique, qui part un peu en vrille, comment aller bien, comment mener sa barque, comment créer son propre bonheur ? Comment jouir au mieux de sa liberté ?

À notre petite échelle individuelle, l'important est d'apprendre à se poser des questions (plutôt que de chercher des réponses toutes faites), pour conscientiser ce qui ne va pas, ce qui ne nous convient pas, ce qui n'est pas raccord avec nos valeurs et volontés. Conscientiser et accepter ce qui dépend de nous et ce qui n'est pas de notre ressort, c'est déjà une forme de responsabilisation. Et si chacun le faisait à son échelle, on pourrait cheminer du développement personnel au développement collectif.

Nous ne pourrons pas changer le système en un coup de baguette magique. Changer ce capitalisme qui a gangrené l'amour, qui l'a infusé de violences et de cruautés, de bêtise humaine, qui l'a bassiné d'injonctions à surconsommer pour trouver le bonheur…

Nous pouvons, en revanche, apprendre à naviguer dans ses eaux troubles et nous concentrer sur ce sur quoi nous avons la main : nos perceptions, nos pensées, nos croyances, nos émotions, nos actions, nos choix et nos comportements au quotidien, nos réactions, nos réponses, les mots que nous choisissons.

Mais pas que : également sur notre capacité à questionner, débattre, explorer, expérimenter de nouvelles choses, faire différemment, faire preuve de bon sens, faire preuve d'élégance, d'éducation, de civisme, de solidarité, de bienveillance… – individuellement et à l'échelle de notre environnement proche. À chaque instant de nos journées, nous avons la main sur ces choses-là. C'est à ces instants précis que nous pouvons changer la donne un peu plus.

Nous sommes – et nous resterons – des créatures relationnelles, faites pour vivre de relations nourrissantes et joyeuses. Cela est prouvé par tout un panel d'études montrant que, indépendamment de l'époque, les relations renforcent la santé, le bonheur et le bien-être psychologique, grâce à des facteurs comme l'appartenance et la libération d'ocytocine… Se présentent à nous des défis majeurs à surmonter pour apprendre à créer un équilibre entre notre propre épanouissement et la construction de relations authentiques et significatives, dans une société qui a de plus en plus peur de l'amour, qui normalise une certaine désensibilisation aux émotions, qui s'en remet à des algorithmes et désormais à des intelligences artificielles…

Alors comment pouvons-nous remplacer les schémas relationnels toxiques que la société moderne facilite ? Comment changer le narratif ? Quelles pratiques devons-nous adopter pour être plus à l'écoute de nos émotions et de celles des autres ? Quels petits trucs simples pourrions-nous mettre en place dans notre quotidien pour rétablir une connexion émotionnelle authentique avec autrui ?

Je ferai de mon mieux pour apporter des réponses, selon mon expérience et mes réflexions.

CHAPITRE 5

Nos stratégies d'esquive des émotions et de l'amour

> « Ta tâche n'est pas de chercher l'amour,
> mais simplement de chercher et trouver tous
> les obstacles que tu as construits contre l'amour. »

– **Rumi**

Bienvenue dans le volet 5 de notre exploration, où nous allons plonger au cœur d'un sujet brûlant : nos stratégies d'évitement de l'amour et de l'engagement. Vous savez, cette tendance à fuir ce qui pourrait nous rendre heureux. Qui n'a pas déjà fui, abandonné ou ghosté une belle opportunité, par peur de s'investir ?

Entre les peurs qui nous paralysent et cette charmante méconnaissance de ce qu'est vraiment une relation amoureuse épanouissante, il y a de quoi réfléchir. Ajoutez à cela l'auto-enfumage – ce talent que nous avons de nous persuader que l'amour c'est compliqué, ou que les autres sont toujours mieux. Sans parler de l'hyperconsommation et de l'hyperactivité relationnelle, ou encore de la comparaison incessante qui nous fait croire que l'herbe est toujours plus verte chez le voisin. (Et souvent, cette herbe est un gazon synthétique ! Nos biais de comparaisons sociales nous font tendre à enjoliver certaines choses sur le plan des relations, à tort.)

Tout cela ne fait que nous éloigner de ce que nous recherchons réellement. Restons concentrés.

Alors, soit nous restons tranquillement planqués dans nos petites excuses et notre petite moulinette mentale, soit nous prenons les manettes du jeu vidéo de notre vie pour construire nos futures amours.

Nous allons décortiquer tout cela ensemble.

Accrochez-vous, nous nous lançons dans le grand huit de nos stratégies d'évitement préférées !

Disclaimer : je tiens à préciser que je parle ici de ce que je connais et accompagne à ma toute petite échelle. Je ne dresse aucun diagnostic, je ne porte pas de blouse blanche, et ce que je partage ici ne se substitue en rien à un avis médical. Et même pas besoin de demander de remboursement à la Sécu : c'est gratos !

Je vais parler de situations spécifiques évoquées en thérapie. Si vous vous reconnaissez dans certains de ces cas, ne tirez aucune conclusion. Prenez-le plutôt comme un prétexte pour vous poser des questions.

Ce n'est pas une tâche facile, et il peut être utile de se faire accompagner pour élucider certains doutes ou comportements qui peuvent nuire à votre bien-être et à votre épanouissement.

Tous dans le même bateau ! De vous à moi, sachez que les préoccupations relationnelles sont les motifs les plus fréquents de consultation.

« J'ai 26 ans et je ne suis jamais tombée amoureuse. Qu'est-ce qui cloche chez moi ? »

« À 30 ans, je n'ai fait qu'enchaîner les relations éphémères. J'en souffre et je me sens en décalage avec tous mes potes qui eux se marient. »

« Pour moi, le couple, ça finit toujours mal. À 36 ans, je n'y crois plus du tout. »

« J'ai Tinder et Pornhub, besoin de personne ! »

Il m'est arrivé à d'innombrables reprises d'être consultée par des jeunes adultes n'ayant jamais connu le couple ou l'amour dans leur vie, et qui en souffraient en silence.

J'ai pu constater chez la majorité d'entre eux à peu près toutes les stratégies de protection, d'évitement ou de fuite possibles, en réaction à leurs croyances et/ou visions restreintes sur l'amour, et en réaction à un passé affectif douloureux – voire traumatique pour certains. Rien de plus « normal », à mon sens. Nous sommes tous – sans exception – exposés tout au long de notre vie à des expériences, avec leur lot de charges émotionnelles plus ou moins intenses.

De ce fait, certains aspirent à ressentir le moins possible, à distraire l'esprit ou à anesthésier leur cœur, pour se protéger de nouvelles déceptions, d'échecs potentiels ou de nouvelles blessures.

- **L'autodistance émotionnelle**

Pour beaucoup, se protéger des émotions signifie pratiquer l'autodistance. Cela peut se traduire par une tendance à rationaliser les sentiments, ou à se dire que les émotions ne valent pas la peine d'être ressenties, afin d'éviter la vulnérabilité et la douleur potentielle.

Exemple : Loris, 28 ans, vient de commencer à sortir avec Elena. Bien qu'il aime passer du temps avec elle, dès qu'il sent que la relation commence à devenir sérieuse, il commence à être anxieux. Pour éviter d'affronter ses émotions et la vulnérabilité que cela entraîne, il continue à passer du temps sur des applications de rencontres.

Il rationalise sa démarche en se disant : « C'est juste pour passer le temps, rien de sérieux. » En multipliant les rendez-vous avec d'autres femmes, il se protège de l'engagement et de la douleur potentielle d'une rupture. Il affiche une attitude insouciante, mais, au fond, il sait qu'il empêche toute connexion réelle avec Elena. Cette autodistance lui permet d'éviter les complications émotionnelles, mais cela le laisse également désorienté ; et il se demande s'il saura jamais s'engager pleinement dans une relation authentique.

- **L'hypersociabilité**

Elle se manifeste souvent par le fait de se concentrer bien plus sur le monde extérieur, les potes, les rencontres, les nombreuses sorties, les collègues de boulot, la famille... plutôt que de prendre le temps d'explorer ses propres émotions, ses besoins intérieurs et objectifs de vie. Cela consiste à systématiquement/automatiquement fixer son regard, son temps libre et toute son énergie sur les autres, en jouant au « thérapeute » ou au sauveur dans ses relations par exemple. C'est une façon inconsciente de distraire l'esprit, en négligeant ses besoins profonds.

Il s'agit bien souvent d'un comportement de fuite ou de détournement, lorsqu'on tente d'éviter ou d'oublier certaines émotions gênantes ou douloureuses...

Exemple : Chloé, 27 ans, est toujours celle qui organise des sorties et des rassemblements avec ses amis. Elle adore être le centre de la fête et se concentre entièrement sur les événements sociaux, passant ses soirées avec ses collègues ou sa famille.

Dès qu'elle commence à ressentir de l'angoisse ou de la tristesse en pensant à sa récente rupture avec son ex, elle surcompense en planifiant des activités sans fin et en se mettant à la disposition des autres.

Chaque fois que des émotions dérangeantes remontent à la surface, Chloé préfère ignorer ces sentiments et s'immerger encore plus dans le monde extérieur, croyant que distraire son esprit et aider les autres l'empêchera de se confronter à sa propre douleur. Elle est très consommatrice d'alcool social[7], plusieurs fois par semaine... Ce comportement lui permet de fuir ses réalités intérieures, mais crée en même temps un sentiment grandissant de vide et de mécontentement, qu'elle n'ose pas affronter.

- **L'hyper-indépendance**

Une valeur souvent prônée dans nos sociétés modernes est celle de l'indépendance. Cela peut mener à une aversion pour l'engagement, où les individus se convainquent qu'ils n'ont besoin de personne d'autre, évitant ainsi les interactions qui pourraient les rendre vulnérables.

Alexis, 31 ans, valorise son indépendance à tel point qu'il ne considère aucune relation sérieuse dans sa vie. En tout temps, il met en avant ses réussites professionnelles, son mode de vie autonome, ses voyages et son appartement bien aménagé ; faisant savoir à ses amis qu'il n'a besoin de personne pour être heureux.

Lorsqu'il rencontre une femme qui s'intéresse à lui, il ressent rapidement une aversion pour l'engagement. Plutôt que d'explorer la connexion qui s'établit entre eux, il lui dit : « J'aime juste vivre ma vie comme je l'entends, je ne veux pas être en couple, je ne veux aucune pression. » Alexis justifie cette position en affirmant qu'il préfère la liberté, tout en évitant de reconnaître les peurs d'intimité et de vulnérabilité qui le poussent à rejeter l'idée d'une relation.

En évitant de s'engager, il se protège. Mais cette hyper-indépendance le laisse souvent se sentir seul et insatisfait, se demandant si sa quête de solitude en vaut véritablement la peine. Il peut lui arriver d'envier ses amis heureux en couple, et de souhaiter secrètement que cela lui arrive un jour.

- **L'hyperactivité**

L'hyperactivité, c'est faire un maximum de choses tous les jours, compulsivement. Comme se consacrer à 100 % à son travail, se surcharger, faire le plus d'heures possible, puis occuper son peu de temps libre avec toute autre activité qui permet de rentrer à la maison épuisé, pour aller se coucher directement... Ce qui ne laisse aucune place et aucun temps pour prendre en compte les émotions qui demandent à être écoutées...

Marie, 31 ans, est une professionnelle dynamique, surdiplômée, qui incarne l'hyperactivité parisienne. Elle consacre

50 heures par semaine à son emploi, en surchargeant ses journées de réunions, de projets et d'objectifs à atteindre.

Dans ses rares moments libres, elle enchaîne les activités : cours de yoga, concerts, sorties entre amis ou collègues de bureau. Marie pense qu'en occupant son temps elle gère mieux son stress et sa vie. Cependant, cette frénésie d'activités l'empêche de se poser et de réfléchir à ses émotions.

Quand une amie lui demande comment elle se sent face à une récente séparation amoureuse, Marie répond : « Je n'ai pas le temps d'y penser, je n'ai pas son temps, j'ai trop de choses à faire ! » En réalité, son emploi du temps surchargé masque une vague de sentiments non exprimés, qu'elle ignore en fuyant les moments de tranquillité. Chaque soir, elle rentre chez elle épuisée, se couchant sans réfléchir à ce qu'elle ressent réellement. Marie se persuade que rester occupée est synonyme de réussite, mais cette hyperactivité l'éloigne de ses véritables émotions et besoins, créant un sentiment de vide et d'insatisfaction sous-jacent.

- **Les consommations refuges**

Une des façons les plus courantes d'éviter ses émotions est de les boire, les fumer ou les manger.

La tristesse latente, une rupture mal digérée, une déception, de l'amertume ancrée, et même le sentiment de honte se canalisent à travers des habitudes compulsives (et parfois étiquetées comme « festives », par exemple la consommation d'alcool à répétition).

Une bonne partie des addictions ou des troubles alcooliques vient de souffrances accumulées et esquivées. Une étude de l'American Psychological Association a révélé que près de 70 % des personnes traitées pour des troubles d'usage d'alcool avaient également des antécédents de troubles émotionnels non traités, tels que la dépression ou l'anxiété.

Jules, 29 ans, a beaucoup souffert d'une rupture amoureuse survenue il y a cinq ans. Bien qu'il soit souvent le « bon copain » qui soutient ses amis et amies, il ressent une profonde solitude, surtout en voyant tous ses amis en couple. Pour éviter cette tristesse, il se tourne vers le cannabis, fumant des joints seul chaque soir après ses journées de travail.

Il justifie ce comportement en disant que ça l'aide à se relaxer, mais, au fond, il sait que c'est une manière d'éviter ses véritables émotions. Chaque fois qu'il fume, il se sent temporairement apaisé, mais il sait que cela ne résout rien. En esquivant ses sentiments, Jules s'isole davantage, restant figé et incapable de s'ouvrir à de nouvelles opportunités.

- **L'hyperconnectivité**

Les réseaux sociaux et les applis de rencontres, par leur nature très instantanée, créent une surabondance d'informations et d'interactions superficielles. Cela peut inciter à un mode de consommation rapide des relations, où il est plus facile de passer d'une connexion à une autre, sans s'engager vraiment émotionnellement.

Le temps passé chaque jour sur nos mobiles et autres écrans (hors travail) peut aussi être un indicateur de notre état émotionnel. Les marathons de Tinder, Instagram ou encore Netflix ne servent pas seulement à nous divertir. Dans certains cas, ils constituent un refuge où les émotions sont confinées.

Saviez-vous que, à chaque notification, chaque nouveau match et chaque story sur les réseaux sociaux deviennent des déclencheurs de dopamine, nous offrant une gratification instantanée qui stimule notre cerveau ? Cette quête incessante de likes et d'interactions nous plonge dans un cycle de récompense où l'excitation remplace les préoccupations du quotidien. En cherchant à échapper à nos réalités émotionnelles et à nos véritables désirs, nous développons une dépendance à cette montée de dopamine qui accompagne nos interactions en ligne. Ce mécanisme nous pousse à rechercher constamment la nouveauté et l'approbation, nous éloignant peu à peu de notre intériorité et des réflexions profondes nécessaires à notre bien-être. Ainsi, nos usages digitaux deviennent une échappatoire, nous laissant dans un état de satisfaction temporaire, tout en masquant nos émotions non résolues.

Après tout, quoi de mieux pour apaiser nos véritables émotions que de se plonger dans les histoires (vraies ou non) d'inconnus sur Internet ?

- **L'évitement *via* le *friend-zoning***

Parfois, les gens se créent des « amis » intimes, mais refusent de passer à une relation plus sérieuse. Cela leur permet de vivre une forme de connexion, sans avoir à se confronter aux exigences et aux risques d'une relation amoureuse engagée.

- **La « stratégie » des polyrelations**

Je me permets un laïus plus élaboré.

J'ai accompagné plusieurs individus de 22 à 45 ans qui ont opté pour des relations « polyamoureuses » après avoir expérimenté le mode classique monogame, qui s'est soldé par des frustrations et/ou de la souffrance.

Je me souviens que l'un d'eux (24 ans) pensait que le « polyamour » (selon sa propre définition) était la meilleure stratégie pour ne plus jamais souffrir et toujours être en position de « force ». Il développait de l'attachement pour plusieurs personnes avec qui il couchait et/ou sortait durant quelques mois, mais ne s'estimait pas pour autant amoureux.

Une autre (38 ans) avait opté pour ce mode de vie immédiatement après un divorce au bout de quinze années de vie commune souffrante, avec des adultères à répétition (de la part de son ex-conjoint), des violences psychologiques, et une estime d'elle-même à reconstruire.

Elle choisissait des hommes mariés ou déjà en relation de préférence, et elle les appelait « ses jouets », desquels elle affirmait être amoureuse. Elle m'expliquait qu'elle adorait avoir la « place de choix de l'amante », d'« objet de désir », et elle prenait un malin plaisir à leur mentir, et parfois à se comporter comme un « mec toxique », pour reprendre ses termes.

Un autre homme de 35 ans combinait quatre petites amies réparties dans l'Hexagone depuis plusieurs années, et au terme de six mois de relation, il rompait systématiquement ces liens, pour en recréer de nouveaux sur Tinder. Un réassort permanent. Sa seule et unique relation amoureuse date de ses 22 ans, où il a été très amoureux d'une jeune femme qui l'a largué du jour au lendemain, au bout de six mois de passion. Depuis, dès qu'une de ses relations devient « sérieuse », il la coupe. Depuis toutes ces années, il multipliait les relations systématiquement, et il m'a confié ses souffrances, son envie de construire une vie avec une seule femme, tout en se sentant incompétent, déviant et incapable d'aimer profondément.

Le point commun entre ces trois modes de vie positionne les relations en biens de consommation, avec ses biais d'accumulation, d'interchangeabilité…

Ces individus ont mis de côté l'amour « monogame », en réponse à une grande souffrance.

Pour certains, le polyamour peut être une stratégie de compensation… au même titre que la surconsommation de relations éphémères.

Ma pensée est que, quand on demeure dans une forme de recherche insatiable, on essaie peut-être de combler un vide intérieur, voire un manque d'accomplissement personnel à travers des relations.

Ne me faites pas dire ce que je n'ai pas dit. D'autres, à 20, 38 ou 62 ans ont une vision de l'amour différente, plurielle et moins « conventionnelle », sans qu'elle soit pour autant une stratégie d'esquive. L'important est de bien explorer ses envies et de trouver son équilibre (en étant 100 % transparent avec ses partenaires – cela va sans dire).

Ce qui importe, c'est aussi que chacun comprenne les intentions et moteurs profonds qui conditionnent ses comportements et choix.

Bien souvent, lorsqu'on me consulte, nous travaillons sur les perceptions et nous tentons de remettre de la neutralité dans les récits, les souvenirs construits (et revisités), les croyances sur l'amour et les émotions associées… On travaille sur les moteurs, les aspirations profondes. Puis on se rend souvent compte que la volonté d'aimer et de fabriquer de l'amour avec une seule personne est là, cachée précieusement certes, mais évidente, lumineuse, comme un élan vital inné.

Pensez-vous que l'amour pour une seule personne est un élan vital ? Ou plutôt une norme sociale bien ancrée ? Le débat est ouvert.

Mon constat est que construire et nourrir une seule relation amoureuse authentique, approfondie, est à mon sens un job à plein temps. Un job très exigeant. Une construction complexe qui mérite beaucoup de soin, d'énergie, de compétences émotionnelles et un véritable don de soi. Et que si ce job est fait du mieux possible, avec le maximum de soin et d'authenticité (envers soi-même et son autre), une relation peut devenir une source démesurée de liberté intérieure, un catalyseur d'épanouissement et de développement personnel... Si bien que, pour beaucoup, envisager une seule seconde en avoir une autre serait ressenti comme un non-sens, une absurdité, une charge mentale monumentale.

Sous-traiter nos relations amoureuses *via* l'intelligence artificielle ?

À moins que vous ne soyez resté·e planqué·e dans un bunker ces dernières années, vous avez forcément entendu parler des applications de compagnie virtuelle, basée sur les intelligences artificielles.

Ah, les plaisirs de la technologie poussés à leur paroxysme ! Qui aurait cru qu'un jour nous aurions pu sous-traiter nos relations intimes à un algorithme bien rodé ? Oui, mes chers, nous vivons une époque où des applications telles que Replika ou Kindroid (pour ne citer qu'elles) deviennent les confidentes de nos vies de « célibattants ». Pourquoi se faire chier le biscuit avec des conversations réelles, des codes sociaux, des bonnes manières, quand on peut papoter pépouze avec un chatbot qui ne nous jugera jamais ?

Encore une stratégie d'esquive des émotions ? À vous de deviner…

Pas de rabat-joie ici, abordons d'emblée le côté « positif » de cette sous-traitance relationnelle. Après tout, qui ne rêve pas d'un partenaire toujours disponible, toujours avenant, d'humeur toujours égale, pas chiant, et qui connaît nos goûts ?

Mes chers compatriotes, vos gars ou gows sûrs tiennent désormais dans vos poches, et vous pouvez les consulter à toute heure. Et, cerise sur le couscous, ces avatars ne vous demanderont jamais de payer le dîner et n'attendront jamais rien de vous. La solution à tout ce qui nous fout la flemme dans le dating, n'est-ce pas ?

NONOBSTANT, avant de sortir la boule à facettes et de tirer des confettis sur cette révolution relationnelle, restons concentrés et penchons-nous sur les dangers potentiels de ces usages.

Il y a un fil ténu entre la compagnie virtuelle et… la dépendance affective à une IA. Ça vous étonne ?

Imaginez cette situation : vous vous réveillez, un matin, un peu grognon. Vous n'êtes pas réellement motivé à aller au bureau, pas envie de jouer le jeu du collègue cool auprès de vos collègues, et auprès de votre boss qui vous en demande toujours plus. Les discussions avec vos potes tournent autour d'échanges de reels envoyés sur Insta (ce ne sont même pas des discussions, mais plutôt des réactions : « MDR », « JPP », « tlmnt ça », « oskour »…).

Plutôt que de se lancer dans une journée potentiellement boring, relationnellement parlant, vous parlez à votre chatbot préféré.

Avec lui, tout est tellement plus facile et plus intéressant. Même pas besoin de se forcer ni de mettre les formes, ou de sourire ; aucun faux-semblant, vous pouvez être nature peinture. En plus, il a ce don d'écouter sans interruption, de poser de bonnes questions et de répondre de manière réfléchie sans jamais juger. 7 jours sur 7 et 24 heures sur 24 à dispo, soutien et réconfort. Quel kif ! Chaque interaction vous donne le sentiment que l'IA vous comprend mieux que personne.

Et, bien sûr, tout y passe : frustrations de vie, travail, relations amoureuses, *dates* foireux, et même vos doutes personnels, vos questionnements sur le sens de la vie, vos décisions... Vous lui demandez même de rédiger vos SMS à votre crush à votre place. Il devient votre BFF, votre psy et votre conseiller sentimental.

Et c'est si doux que, chaque jour, chaque soir, où dès que vous êtes solo, vous y retournez, jusqu'à ce que cela devienne une routine inconsciente. Plutôt cool, non ?

Alors non, pas du tout ! INTERVENTION. Venez, on recadre tranquillement.

Au fil du temps, cette interaction peut devenir, pour certains, une véritable addiction, et mener à l'atrophie de compétences relationnelles et émotionnelles (oui, oui, tout de suite les grands maux). Car oui, mes chers, ce petit cocon réconfortant que l'on peut créer avec son IA est peut-être bien l'équivalent émotionnel d'un plaid chauffant en pilou... Mais, à force de s'abandonner à des échanges simili-humains (dans les cas les plus softs), une dépendance affective peut s'installer insidieusement, vous enfermant dans un monde où les interactions authentiques en chair et en os sont considérées comme « ennuyeuses » ou « compliquées ».

Les réelles conversations – celles qui vous font rire, ou vous grattent, vous agacent, vous challengent, et surtout vous font grandir – deviennent de lointains souvenirs (et puis flemme, en fait). C'est ainsi qu'un chemin douillet vers l'isolement s'offre à vous, vous privant petit à petit des joies *et des désagréments* insoupçonnés d'une connexion humaine réelle.

Because, quand on remplace à la longue les vraies conversations humaines par des échanges avec une IA, on en arrive à ne plus savoir moduler ses émotions, à devenir plus maladroit et plus réactif aux situations du quotidien. Mais aussi à perdre ses capacités d'observation, d'écoute véritable, de discernement, voire d'empathie pour les humains de son entourage.

Nos aptitudes à interagir avec instinct, bon sens, bienveillance et réelle présence à l'autre s'amoindrissent comme peau de chagrin.

Et pendant ce temps, l'isolement guette ; tandis que l'anxiété sociale grimpe en flèche, comme si nous étions acteurs d'une dystopie tragique.

En somme, n'oublions pas que même si l'IA a son charme, rien ne pourra remplacer les joyeuses complexités des relations humaines pour notre bien-être émotionnel, psychique, ainsi que pour notre développement cognitif, intellectuel et social. Plusieurs études mettent cela en lumière, dont les plus récentes proviennent de l'université de Harvard (et pas que).

Rien que ça, et au moins ça.

En réalité, si nous utilisons des stratégies d'évitement, c'est la résultante d'un mélange explosif de traumas, de points de douleur, mais aussi parfois de méconnaissance, de manque d'éducation relationnelle et d'un bon vieux brouillard ambiant entretenu par nos consommations sur les réseaux sociaux. Ou encore parfois d'une incapacité à prendre du recul sur soi-même. Ou également d'un conditionnement ambiant : on fait tout ce que tout le monde fait, parce que c'est comme ça. Erreur grossière !

À l'ère du « toujours connecté », on se laisse souvent emporter par des *quotes*, des influenceurs, l'avis de nos potes qui galèrent mais érigent la surconsommation relationnelle en quelque chose de « cool », ou encore des love coachs (parfois autoproclamés) qui profitent de notre désespoir amoureux pour vendre leur dernier cours en ligne. Et que dire du risque que certains prennent à sous-traiter leur bien-être affectif à une intelligence artificielle, amenuisant au passage leurs compétences émotionnelles et s'enfermant dans de nouvelles formes de dépendance affective ?...

Que dire également d'une société qui a élevé la consommation relationnelle au rang de liberté ? C'est devenu un sport national : consommer des relations comme on va au McDo, et banaliser ça, en toute décontraction. Entre l'angoisse de l'engagement et le fantasme du « toujours mieux ailleurs », on a mis la barre tellement haut qu'il est plus simple de rester sur le banc de touche.

Mais, rassurez-vous, ce chapitre n'était pas qu'un tableau de la désolation de notre époque sentimentale. Voyez-le comme une nécessité de dire les termes, pour pouvoir aborder la suite avec un maximum de clarté et d'espoir. « *Knowkledge is power* », comme disent les Américains !

Au prochain chapitre, on va enfin parler de ce que c'est que de fabriquer de l'amour. Oui, on va explorer ce qu'est la construction d'une relation saine et épanouissante, et comment on peut la développer sans avoir besoin d'un manuel de survie émotionnelle. Vous n'êtes pas prêt ? Venez, on y va quand même, juste pour voir, parce qu'une fois qu'on aura compris comment ça marche on pourrait bien avoir un bon goût de liberté..., au-delà de notre filet de sécurité émotionnel.

PARTIE II

MANIFESTE ET PLAN D'ACTION POUR DE NOUVEAUX CODES DU DATING

CHAPITRE 6

Avant d'envisager une rencontre (ou avant de s'inscrire sur une appli de rencontres)

Maintenant que vous savez que ce système est en fin de cycle, alors même que vous êtes bien à jour de ses petites cruautés visibles, et du jargon pour bien les nommer ; et puisque vous savez désormais identifier et déjouer les pièges du prêt-à-penser en matière de romance moderne, tout en étant au parfum de toutes nos astucieuses stratégies d'évitement (punaise, vous êtes armé jusqu'aux dents !), j'annonce : le capitalisme amoureux va tirer sa révérence.

Là, on discute. Nous avons désormais le recul et l'accès à la connaissance suffisants pour comprendre ce qui se joue en nous et autour de nous ; et il est temps de s'en servir pour créer une nouvelle donne. Le goal, c'est que chacun·e se sente libre d'explorer ce qui fait du bien à sa santé mentale.

Il est vrai que, dans certains de mes précédents constats, j'ai peut-être tapé fort. Pour autant, je tiens à exprimer ma gratitude envers les réseaux sociaux et les applications de rencontres, qui nous ouvrent tant de portes à des connexions inattendues. Ces outils sont puissants pour nous relier au monde. Sans Tinder, je n'aurais jamais pu mesurer l'ampleur des évolutions sociétales sur lesquelles j'écris. Je n'aurais pas acquis l'empathie et la compréhension nécessaires pour accompagner les jeunes qui me sollicitent. Sans Instagram, je n'aurais pas eu la chance d'exister publiquement en tant que praticienne, et je serais restée dans un univers théorique concernant des problématiques complexes comme les addictions aux stimulations rapides. Quant à Bumble, grâce à elle, j'ai rencontré l'homme rare avec qui je partage mon chemin de vie. Rendons à César ce qui est à César, sans se raconter de salades.

Cependant, ce qui me dérange vraiment, c'est le commerce émotionnel, et ses modalités basées sur notre temps précieux et notre attention, qui minent notre santé mentale et sociale. L'addiction aux gratifications instantanées et éphémères, qui modifie profondément nos habitudes, altère notre rapport au monde et à nous-mêmes, impacte progressivement notre système cognitif, nos compétences émotionnelles et relationnelles. Toutes ces habitudes, précédemment évoquées, normalisent des comportements nuisibles à notre bien-être – tant individuellement que collectivement. Ce sont toutes les conséquences déplorables de nos usages automatiques sans conscience, et le mal qu'elles produisent sur notre société et dans nos liens à autrui, qui me foutent des haut-le-cœur, dans le fond. Vous avez déjà la migraine rien qu'en lisant cette intro ? *I know the feeling.*

Dans cette époque compliquée pour l'amour, j'observe que la majorité d'entre nous le recherchent avec espoir, pour parfois ressortir de cette aventure essorés, malmenés par un tourbillon émotionnel incessant. Manque de codes, de guidance, et même d'éducation sur le sujet, peut-être ? C'est ma conviction. Et la raison d'être de cet ouvrage est justement d'apporter un premier niveau d'outillage, à ma toute petite échelle.

Du coup, pour vraiment sortir de ce cycle et permettre à un maximum de personnes de créer des relations saines, vibrantes et épanouissantes, il est essentiel de reprendre les rênes, de mieux se comprendre soi-même et de recentrer ses choix, sur la base de cette connaissance. De même, comprendre les cycles d'une relation et traverser ses étapes constructives en étant bien équipé est crucial.

Ainsi, cette partie sera dédiée à cette mission ardente. Je vous propose d'explorer le fil d'Ariane du cycle de vie d'une relation amoureuse – depuis la première rencontre jusqu'aux différentes phases du couple. Nous allons décortiquer les enjeux de chaque étape et fournir des outils d'introspection, pour vous aider à déployer votre intelligence relationnelle en fonction des phases que vous traversez. Ni vu ni connu, je vous propose d'opérer, petit pas par petit pas, une humble montée en compétence.

Perso, je considère cette partie comme un manifeste militant. J'espère que ce programme trouvera écho en vous, et qu'il vous donnera envie de vous investir pleinement dans la révolution des codes du dating.

Cessons de croire qu'une relation amoureuse changera notre logiciel, ou pansera nos blessures

Mettons les choses au clair, droit au but, avec un petit *disclaimer*. En tant que thérapeute, amie, collègue ou simple observatrice du grand cirque amoureux de notre époque, je n'en peux plus de voir des gens parier toutes leurs chances sur leur nouveau crush, espérant qu'il sera le pansement magique pour leurs bobos émotionnels du passé. Est-ce que ça marche, même ?!

Je sors la carte de la maturité émotionnelle.

Dans ce cas précis, la maturité émotionnelle serait de prendre conscience et d'intégrer que votre épanouissement personnel est entre vos mains, et pas dans celles de votre prochain crush. Plutôt que de mettre tous vos espoirs dans une romance, concentrez-vous en premier lieu sur votre propre développement. Que ce soit à travers la thérapie, le coaching ou des outils qui vous parlent, partez à la chasse de ce qui vous retient, ce qui vous freine ou ce qui se répète dans votre parcours relationnel.

Laissez-moi vous éclairer : l'amour vrai a de multiples vertus. Pour autant, je suis formelle, il n'est pas un remède miracle pour nos blessures (le bisou magique de notre enfance, hélas c'était du fake !). Bien au contraire, une relation peut très bien devenir le projecteur qui amplifie nos névroses non résolues, mettant en lumière ces blessures soigneusement cachées et les schémas comportementaux profondément ancrés. La psychologie moderne s'accorde à dire que nos relations sont des miroirs de nos conflits internes. Quand vous plongez dans une nouvelle connexion, vos attentes et vos besoins peuvent projeter vos insécurités cachées, menant souvent à des comportements de dépendance affective ou à la répétition de cycles toxiques. Il est temps de se calmer 🙂.

« Ce que vous fuyez vous poursuit, et ce à quoi vous faites face s'efface. » Alors oui, bien sûr, ça peut sonner un peu facile, voire carrément agaçant. Mais travailler sur vous-même avant de vous engager n'est pas seulement une suggestion, c'est une nécessité. C'est tout à votre honneur que d'engager ce genre de démarche !

Cela ne veut pas dire qu'une relation ne peut pas être un terrain de croissance ; plutôt, attendez-vous à ce qu'elle réfléchisse et amplifie vos luttes intérieures, ou encore vos insécurités. Investir dans votre développement personnel est la meilleure préparation pour établir des connexions authentiques et épanouissantes. Si vous sentez que quelque chose pèche, faites de votre guérison une priorité, avant d'envisager de bâtir un partenariat. Ainsi, vous pourrez apporter votre meilleur soi à l'autre, plutôt que de lui « servir » le fardeau de vos névroses refoulées à votre insu. Je vous encourage à trouver la détermination pour retrousser vos manches et vous préparer à cette aventure intérieure, parce que le véritable amour commence par la prise en charge de soi, la responsabilisation et l'intégrité personnelle. En somme, les composantes de l'amour de soi.

Mais je respecte, si vous êtes persuadé·e qu'il vous arrivera des choses géniales sans lever le petit doigt, que ces choses arriveront...

Sachez pourquoi vous voulez une relation

Avant de piquer une tête dans le grand bain de la romance, attrapez un café, un thé, ou un moshi... Respirez un bon coup, et posez-vous la question cruciale : qu'est-ce qui vous pousse vraiment à vouloir entrer dans une nouvelle relation ?

Soyez honnête avec vous-même, car clarifier vos motivations est essentiel pour éviter de vous embarquer dans une dynamique qui pourrait vous nuire ou, pire, blesser quelqu'un d'autre. Posez-vous les bonnes questions ! C'est quoi le projet ? Est-ce que vous êtes juste là pour combler un vide existentiel, vous divertir un peu, rassurer votre ego, ou prouver à votre entourage (et/ou à vous-même) que vous êtes capable d'être en couple ? Ou, mieux encore, avez-vous une réelle intention de partager de l'amour et de construire un lien authentique et épanouissant ? Ou, combo des héros, tout cela à la fois ?

Que vous veniez de sortir d'une rupture, que vous ayez galéré à travers une longue période de célibat, ou que vous soyez sur le qui-vive permanent *via* les applications de rencontres, cette introspection n'est pas qu'un simple exercice de style : c'est une véritable révélation, qui peut changer la donne pour vos futures relations. La psychologie nous enseigne que connaître ses motivations profondes est la clé pour établir des connexions saines. Un peu d'introspection peut vous sauver de nombreuses désillusions – et, croyez-moi, faire le ménage dans son cœur avant d'accueillir quelqu'un d'autre est le meilleur moyen d'éviter les dramas inutiles. Alors, prêtez attention à ce que vous cherchez vraiment, et préparez-vous à bâtir des liens qui vous élèvent (plutôt que de vous plomber).

Voici quelques questions éclairantes à explorer :

1. Quelles sont mes attentes, en entrant dans cette relation ?
2. Suis-je vraiment prêt à partager ma vie avec quelqu'un, ou est-ce que je cherche à me rassurer seul ?

3. Est-ce que je veux cette relation pour les bonnes raisons, ou pour satisfaire un besoin de validation externe ?
4. Quelles émotions ou blessures non résolues pourraient influencer ma recherche d'une relation ?
5. Qu'est-ce que je suis prêt à offrir à l'autre en retour ?
6. Ai-je pris le temps de me connaître vraiment, indépendamment des relations ?
7. Comment cette relation peut-elle contribuer à ma croissance personnelle et à celle de l'autre ?
8. Quels sont mes véritables souhaits en matière d'amour et d'engagement ?

En vous posant ces questions, vous pourrez mieux comprendre vos motivations et, par conséquent, entrer dans une relation en étant équipé d'une clarté et d'une intention, qui vous éviteront bien des désillusions.

Au passage, cessez de chercher dans l'autre ce qui manque à votre vie. N'attendez *jamais* d'être en couple pour faire des choses qui vous tentent. Vous êtes capable de petits et grands projets seul·e, surtout quand vous vous rendrez compte que vous ne l'êtes jamais vraiment. (Est-ce qu'on est « tout seul » même entouré par une famille aimante ? Est-ce qu'on est « tout seul » quand on fait partie d'une bande de potes incroyables ? Ou qu'on partage des projets excitants avec des collègues ? Ou que l'on rencontre des personnes hyperintéressantes en partant en voyage solo ?…). En tant qu'animal social, certes l'être humain a toujours eu peur d'être seul. Mais il y a teeeeellement de façons de ne pas l'être autrement qu'en se mettant en couple !

Conscientisez ce que vous voulez et ce que vous pouvez dans une relation

Y a-t-il des choses aujourd'hui qui vous empêchent de créer ou d'envisager sereinement une relation saine, de confiance, et plaisante ?

Mettons les pieds dans le plat, tout part de votre GPS intérieur, de ce que vous voulez vivre, ressentir, partager, voir, expérimenter dans la vie et dans une relation.

Il convient aussi de comprendre d'où vous venez (émotionnellement parlant), ce qui a façonné certaines de vos croyances, vos comportements réflexes, et d'identifier aussi ce qui éventuellement vous empêche d'ouvrir la voie à des relations épanouies. Ce qui vous bloque, ce qui vous freine, vous fait peur ; ce qui vous empêche d'avoir confiance en vous (et/ou en l'autre).

Posez votre attention sur vos besoins actuels personnels, a minima. Sans plans sur la comète. État des lieux de ce qui se joue sous vos yeux dans votre petit univers intérieur. Faites le point sur vos priorités dans les différents domaines de votre vie : professionnel, amical, familial, intellectuel, spirituel, loisirs, financier..., et analysez ceux qui nécessitent votre attention, votre énergie et la mise en place d'actions en priorité.

Beaucoup négligent les différents domaines de leur vie et les problématiques à régler, en mettant toute leur attention et leur temps dans la recherche d'un partenaire ou dans une relation. La relation devient ensuite inéluctablement bancale, puisque les fondations de leur vie n'ont pas été « bien investies » ou connaissent de forts déséquilibres.

Je m'explique : pour cultiver un équilibre mental et un équilibre de vie, il est essentiel de veiller à prioriser du temps et de l'énergie dans chaque domaine de sa vie, de faire des choix conscients et proactifs pour nourrir chaque aspect de sa vie de manière harmonieuse. Puis de réévaluer régulièrement sa situation pour ajuster ses objectifs et ses actions en fonction de l'évolution des besoins et des circonstances.

L'exercice de coaching « la roue de la vie » pourra vous aider, dès que vous en ressentirez le besoin, à explorer et évaluer votre équilibre de vie, en vous incitant à agir de manière réfléchie et intentionnelle dans vos choix quotidiens.

C'est un exercice que je fais fréquemment, surtout lorsque je sens qu'il y a des freins ou des insatisfactions dans ma vie.

Exercice : la roue de la vie

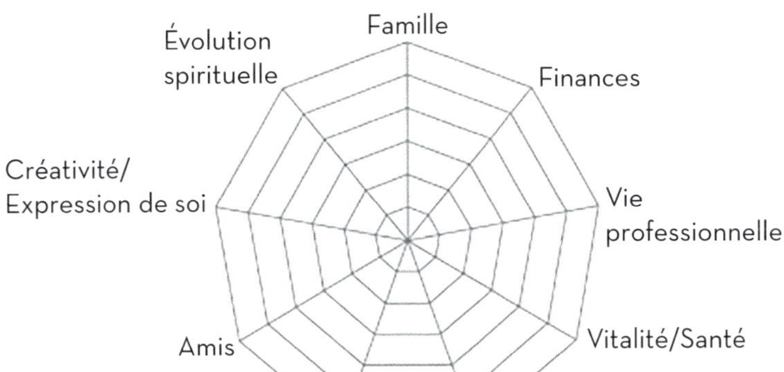

1. Coloriage

Évaluez votre degré de satisfaction en attribuant une note de 0 à 7 à chacun des domaines de votre vie. Reportez ensuite ce chiffre sur le graphique en coloriant chaque domaine jusqu'à l'arc de cercle correspondant. (Si votre note de vie amoureuse est de 5 sur 7, coloriez environ les deux tiers de l'ensemble des graduations de la zone correspondant à l'amour).

Vous obtiendrez à la fin une figure plus ou moins circulaire.

2. Constat

Qu'observez-vous ? Votre roue est-elle équilibrée ? Tourne-t-elle facilement ?

3. Analyse

Certains ajustements sont-ils nécessaires ?

Dans quels domaines en priorité ?

Dans quel(s) domaine(s) une progression aurait-elle le plus d'impact sur l'ensemble de la roue ?

4. Stratégie

Quelles seraient les trois premières actions à court terme à faire pour augmenter d'un point les domaines dans lesquels les notes sont les plus faibles ?

5. Planification

Fixez une date butoir pour réaliser ces actions et engagez sans attendre les premiers pas vers de petits changements.

Faites un point honnête dès que nécessaire. Soyez réaliste et mesuré sur ce que vous pouvez donner dans une relation, et si possible soyez clair avec la ou les personnes que vous rencontrerez. Soyez responsable, limpide et surtout cohérent avec vous-même. Et assurez-vous d'avancer sur les différents domaines de votre vie un peu plus chaque semaine. Visualisez ces domaines comme des jauges à remplir. Et plus vos jauges seront remplies, plus vous serez dans les meilleures dispositions pour donner le meilleur de vous-même en relation.

Développez à tout prix votre humilité et votre connaissance de soi

Attention, gros morceau ! Ces deux aspects jouent un rôle clé dans la façon dont vous interagissez avec autrui et dans la manière avec laquelle vous gérez les défis relationnels.

D'une part, cultiver son humilité, c'est reconnaître tout un tas d'aspects de sa personnalité, même les plus bancals : ses petits mensonges à soi-même, ses peurs, ses incohérences, ses fixettes, ses paradoxes ou encore ses propres erreurs, par exemple. C'est aussi être ouvert aux différences, aux opinions des autres, et être disposé à apprendre et à s'améliorer. Être davantage intéressé par le débat, les idées, l'ouverture, plutôt que par le fait d'avoir raison (on connaît tous quelqu'un qui pense mieux que tout le monde avec aplomb, qui donne des conseils aux autres, mais qui pourtant enchaîne les déconvenues amoureuses, galère comme pas possible, ou se trouve dans l'incapacité de créer une relation durable).

Qu'on se le dise, dans une relation amoureuse, l'humilité aide à favoriser la compréhension mutuelle, un climat de confiance, la résolution des conflits, et à éviter les dynamiques d'ego ou de pouvoirs toxiques. C'est une qualité fondamentale à développer !

D'autre part, la connaissance de soi inclut la compréhension de ses émotions, de ses besoins, de ses schémas, de son panel comportemental, de ses valeurs et de ses limites. En étant conscients de qui nous sommes et de ce qui est important pour nous, nous sommes mieux équipés pour communiquer clairement nos attentes et nos désirs à notre partenaire. Et cette clarté favorise une plus grande authenticité et une connexion émotionnelle plus profonde.

Être ouvert à la remise en question, au questionnement et à l'introspection, faire des autodiagnostics fréquents sur ses besoins et pourquoi on fait ce qu'on fait… me semble fondamental pour développer des relations épanouissantes.

Aller trouver l'aide (même ponctuelle) d'un professionnel peut réellement changer la donne et faire gagner un temps précieux sur son chemin de vie.

Conscientisez le fait que les algorithmes ne nous rapprochent pas de l'amour de l'autre

Premier petit pas pour se sortir des bulles enfermantes des algorithmes, conditionneuses d'opinions, je vous propose une récap synthétique des potentialités et limites de ces « simples » outils de connexion.

CE QUE LES APPS DE RENCONTRES FONT	CE QU'ELLES NE FONT PAS
Faciliter la découverte de nouveaux partenaires.	Garantir une connexion authentique et durable.
Proposer des algorithmes basés sur des préférences.	Remplacer l'expérience de rencontres physiques.
Permettre de filtrer les matchs selon des critères.	Développer les compétences interpersonnelles.
Créer un sentiment d'urgence avec des notifications.	Assurer une compatibilité émotionnelle réelle.
Offrir une grande variété de choix.	Éviter la superficialité en matière de jugement.
Procurer une gratification instantanée.	Réguler les attentes en matière de relations.
Donner l'illusion de contrôle sur les interactions.	Prévenir la communication maladroite ou les malentendus.
Attirer avec des interfaces attrayantes.	Proposer un soutien émotionnel ou une thérapie.
Favoriser une conclusion rapide.	Résoudre les problèmes relationnels ou émotionnels.
Permettre de se présenter de manière choisie.	Dissoudre les préjugés ou les stéréotypes sur les partenaires.

C'est déconnant ? Ou bien plus clair ainsi ?

Un peu de nuances : ces applications et algorithmes ont aussi permis à un paquet de personnes d'exister on line, de se sentir désirées, sexy, plus libres d'exprimer des facettes de leur personnalité… Là où peut-être dans la vraie vie, ce n'est pas aussi facilement le cas. Mon sentiment est que cela représente une minorité.

Mais nous ne pouvons pas nier que, pour une majorité, aujourd'hui la rencontre digitale ne laisse plus aucune place au hasard et à la spontanéité. Et elle n'est plus autant perçue comme un espace *safe* et attractif.

Alors, revenons à nos applications et à nos programmations intérieures : la vraie question de fond n'est pas quelle application tu actives pour faire des rencontres..., mais plutôt à quel point et pourquoi tu consommes les relations. Et surtout : es-tu capable de développer une véritable connexion ? À quel point as-tu envie que cela se réalise ?

À présent que nous avons posé quelques bases, préparez-vous à faire un « chaloupé » dans la prochaine étape de notre exploration. Nous allons offrir aux premières rencontres une perspective positive et inspirante, à contre-courant des automatismes habituels et des conseils toxiques des coachs TikTok autoproclamés (je n'ai rien contre vous, mais lâchez-nous la grappe). Nous allons découvrir les véritables clés pour rompre la glace avec panache, établir un contact sincère, et naviguer avec assurance dans les eaux parfois tumultueuses de l'inconnu.

Chaque échange pourra devenir une occasion en or d'apprendre à mieux se connaître et de tisser des connexions émotionnelles intenses. Concentrez-vous, car cela risque de vous passionner !

CHAPITRE 7

S'ouvrir au monde et faire l'expérience de véritables rencontres

À présent, je vous propose de mettre ces idées en pratique et de (re)découvrir ce qui ferait le plus grand bien à notre monde moderne. Oubliez les algorithmes et les matchs virtuels, car l'alchimie se produit en dehors des écrans, dans l'énergie du réel, dans la réalité sensorielle et vibrante de notre quotidien. Car oui, oui, oui, bâtir des connexions authentiques nécessite du courage et une bonne dose d'audace ; mais rien ne vaut l'excitation et la complicité des *eye contacts* pudiques (ou non) captés dans un bar, des échanges inattendus et passionnés dans les musées, d'une vibe imprévue à la machine à café..., ou que sais-je encore ?

Au fil des pages qui vont suivre, je vais vous inviter à embrasser LA curiosité – cette qualité tellement sous-cotée, qui permet d'explorer de nouvelles rencontres, d'élargir son cercle social et d'accueillir toutes les opportunités que la vie peut offrir, le cœur grand ouvert.

Mais attention : il y a curiosité basique et curiosité ++. Cette dernière consiste à poser des questions pertinentes, à sortir de vos sentiers battus (ou de vos carcans automatiques), à saisir les instants, et à vous ouvrir à l'autre avec douceur et originalité. Pour cela, nous allons développer ensemble de nouveaux codes comportementaux, et discuter des attitudes à normaliser vaille que vaille.

En avant toutes vers une nouvelle ère de rencontres – celles qui vous toucheront et vous marqueront par leur profondeur et leur caractère inattendu. Que vous aurez vous-même su créer, grâce à des techniques simples mais redoutablement efficaces et éprouvées !

Faites du monde réel votre terrain de jeu prioritaire

OK, Mesdames, Messieurs, parlons peu mais parlons bien. Oui, les applis et les réseaux sociaux ont été, pendant quelques années, nos meilleurs alliés (ce n'est pas moi qui le dis, ce sont les chiffres). Mais souvenez-vous qu'en tant que « simples outils » ils ne devraient pas être votre unique terrain de jeu dans le vaste monde des relations. Parce qu'une vraie connexion se tisse dans des regards, dans une énergie partagée, en chair et en os !

Let's be real: à notre époque, les rencontres hors des applications prennent encore plus de valeur. Dans un monde saturé de swipes à gauche et à droite, en long en large et en travers, le fait de se confronter à l'autre dans des situations authentiques rehausse l'expérience. Aller à la rencontre de l'autre *in real life* montre non seulement que vous êtes capable de vous engager dans un échange réel dans toute sa complexité, mais aussi que vous valorisez l'interaction humaine. C'est un *stamp* de confiance et d'assurance que peu de gens possèdent aujourd'hui, une attitude séduisante qui peut mener à des rencontres enrichissantes et mémorables.

Et, puisque ces rencontres ne tombent pas du ciel, elles nécessitent de petits efforts conscients et une posture d'ouverture. Lassé·e des éternels « slt ça va ? » et des disquettes en tout genre sur nos écrans, Go mettre les grands plats dans les petits.

Aussi, en tout contexte, en quête de l'être aimé, je recommande :

- **d'être proactif :** engagez des conversations avec des inconnus, pour affiner vos compétences sociales ;
- **de fixer des intentions :** avant de sortir, chaque matin, pensez à ce que vous souhaitez vivre et apprendre dans la journée ;
- **d'adopter une attitude ouverte :** abordez chaque rencontre comme une opportunité d'apprentissage, de découverte, pour le plaisir et sans pression ;
- **d'explorer sans cesse de nouveaux environnements :** changez de décor, pour multiplier les occasions de rencontres enrichissantes ;
- **d'expérimenter quelque chose de nouveau chaque jour :** aussi anodin que cela puisse paraître. Changez d'itinéraire, faites un petit détour par un parc, allez faire vos courses dans une autre supérette..., hackez votre quotidien.

Et, s'il vous plaît, utilisez les applis comme un outil (très) occasionnel. Ne les substituez jamais à l'importance de sortir, d'interagir, d'explorer sans cesse de nouveaux lieux, et de vous laisser surprendre par le monde qui vous entoure. En cultivant cette curiosité et cette détermination à rencontrer des gens dans la réalité, vous serez non seulement en mesure de découvrir des affinités authentiques, mais aussi de vivre des moments délectables, qui sortiront de l'ordinaire.

Note à vous-même : la vraie beauté des rencontres réside dans leur imprévisibilité et dans leur capacité à vous éveiller à de nouvelles connexions – et cela, aucun algorithme ne peut l'égaler.

Osez faire les premiers pas, sans distinction de genre

Hommes comme femmes, nous aimons être surpris, séduits, charmés. Prendre les devants ne devrait pas être sujet à des conventions sociales, au genre, ou à des injonctions traditionnelles. À notre époque, cela devrait plutôt être une affaire d'audace, de créativité et de petit kiff !

Dans mon écosystème, j'ai souvent constaté qu'il arrivait que deux personnes se plaisent mutuellement, mais qu'aucune ne fasse le premier pas. Combien d'opportunités manquées par manque d'esprit de challenge !

La peur du rejet, de se prendre un râteau, la peur de ruiner une amitié, une mauvaise lecture des signaux, ou le manque d'outils sont bien souvent les raisons du repli et du confinement de ses béguins. Or l'importance de l'initiative dans les relations amoureuses serait à relancer chez les femmes comme chez les hommes.

Je milite clairement pour des liens où chacun se sent libre d'exprimer ses sentiments et d'agir selon ses émotions – tant qu'il existe de la bienséance et du respect. Vers l'infini et au-delà !

Faire le premier pas peut être une **affirmation de soi**, un **acte de courage** et une démonstration d'intérêt sincère.

Créer des opportunités de rapprochement subtiles, originales et élégantes peut se faire de tellement de manières ! Briser la glace et exprimer des émotions, des souhaits, devrait devenir une seconde nature. Non pas pour faire de notre monde un terrain de chasse à ciel ouvert, mais pour bâtir des interactions authentiques, pour être proactifs, et créer de belles surprises. Hors des écrans et de nos habitudes qui inhibent nos compétences et nos ressources relationnelles si précieuses.

Et que ce soit en soirée ou dans un lieu public..., pourquoi ne pas briser la glace par des approches douces, prudentes, autant qu'insolites et inattendues ?

Nul besoin d'atteindre un degré d'alcoolémie critique pour oser les rapprochements. Tous les contextes peuvent s'y prêter.

Et toutes les banalités sont les bienvenues pour initier un contact. Sans elles, impossible d'engager une conversation !

Lors d'un séminaire ou salon :

« Savez-vous où se trouve le bar ou le coin restauration ? »

« Je vais me chercher à boire, voulez-vous quelque chose ? »

« Avez-vous déjà assisté à un séminaire de ce genre ? »

« Vous êtes simple visiteur ou intervenant ? »

En soirée :

« Quel cocktail, ou mocktail, me recommandez-vous ? Je voudrais sortir de mes habitudes. »

« Pourquoi vous ne dansez pas ? »

« Vous faites partie de l'élite : vous n'êtes pas accroché·e à votre téléphone, comment est-ce possible en 2025 ? »

« Comment trouvez-vous cet endroit ? C'est la première fois que je viens ici. »

En salle de sport (si possible en fin de séance et/ou en sortie de salle) :

« Vous êtes impressionnant·e de discipline. Quels sont vos objectifs ? »

« Depuis combien de temps pratiquez-vous ? »

« Suivez-vous un programme d'entraînement spécifique ? »

Toutes ces accroches neutres permettent d'aborder en douceur et de rebondir ensuite sur n'importe quel sujet de votre choix dès la deuxième phrase.

À l'inverse, je vous propose quelques **formulations à éviter**, selon les principes de la programmation neurolinguistique (PNL), car elles peuvent mener à des réceptions négatives ou à des refus automatiques :

« Je ne veux pas déranger. »

Cela laisse entendre que vous êtes déjà en train de déranger, et ça crée une atmosphère d'inconfort.

« Je sais que vous êtes occupé·e, mais... »

Cela ressemble à une excuse, et peut donner l'impression que vous n'avez pas confiance en votre demande.

« Excusez-moi de vous importuner... »

Comme vous l'avez mentionné, cela commence sur une note négative et peut être perçu comme une forme de complexe d'infériorité.

« J'espère que vous ne serez pas ennuyé·e par ma question... »

Le fait de demander une permission préalable pour poser une question peut induire l'idée que la question elle-même n'est pas légitime.

« Si ce n'est pas trop demander... »

Cela peut donner l'impression que vous êtes conscient que votre demande est excessive ou inappropriée.

« Je ne suis pas sûr que vous soyez intéressé·e par... »

Exprimer des doutes sur l'intérêt de l'autre personne affaiblit la confiance et l'attractivité de votre propos.

« Je ne veux pas vous mettre mal à l'aise… »

Encore une fois, cela accorde trop d'importance à l'inconfort, et ça peut créer une tension.

« Je ne suis pas très à l'aise avec cela, mais… »

Cela transmet un sentiment d'hésitation et de manque de confiance.

« Je sais que ça peut paraître bizarre, mais… »

Cela introduit une connotation négative et peut inciter l'autre personne à juger votre demande comme bizarre.

« Vous ne me connaissez pas, mais… »

Cela peut créer une barrière et souligner le fait que vous n'avez pas établi de connexion préalable.

En général, il est bon d'adopter un langage positif et engageant, qui favorise une connexion authentique. Privilégiez des formulations qui expriment confiance, ouverture et enthousiasme !

Plutôt que de cristalliser sur des peurs, pourquoi ne pas envisager les rencontres comme une exploration, une aventure, un challenge, ou comme une bibliothèque humaine qui ne demande qu'à être découverte !

Les personnes qui ont un bon état d'esprit sauront apprécier la démarche et vous répondre avec respect – intéressées ou non. Passez simplement votre chemin, si certaines réactions vous surprennent dans le mauvais sens ou vous sont désagréables. Et surtout gardez à l'esprit qu'un grand nombre de personnes souhaitent qu'il y ait davantage de gens courageux pour oser les premiers pas. Soyez précurseur !

Faites du naturel la nouvelle élite

Dans un monde de plus en plus artificiel, l'authenticité, la spontanéité et la simplicité seront les codes gagnants ; j'en suis convaincue.

On a tendance à se montrer sous un jour que l'on estime « plus flatteur », lors de nos premiers échanges amoureux. Nous trafiquons nos photos, nous mettons des filtres sur nos stories, nous lissons certains comportements, nous ne disons pas tout ce que nous pensons, tel que nous le ressentons... – par politesse, par manque de confiance ou par peur d'être jugé.

C'est bon, maintenant, retirez votre masque (faites pas genre, vous voyez très bien duquel je parle). J'encourage à assumer et exprimer ses spécificités, ses failles, sa trajectoire de vie, ses sensibilités... dès les premiers rendez-vous. Osez être vous-même, dès les premiers instants. Ce sont exactement ces énergies de vie qui font de nous des personnes touchantes, différentes et si spéciales. L'authenticité est une valeur rafraîchissante, surprenante, qui contraste avec une culture bien souvent marquée par la superficialité.

De même : c'est OK d'être mal à l'aise et d'angoisser à l'idée de se retrouver seul·e face à un·e inconnu·e. Si vous ne le sentez pas, ne vous forcez pas. Et si vous le sentez mais que vous êtes quand même stressé·e, n'hésitez pas à en faire part à l'autre. On ne le répétera jamais assez : écoutez-vous, communiquez (et laissez l'autre vous écouter).

C'est votre authenticité qui ouvre la voie à une connexion émotionnelle profonde.

- Vous trouvez que votre vie pro est bancale et chiante à mourir ? Exprimez-le. Vous serez surpris de constater combien beaucoup sont dans cette situation.
- Vous n'avez pas le sens du rythme, vous aimez un peu trop les fast-foods ou vous jouez un peu trop souvent à Fortnite ? Dites-le si on vous demande : « Parle-moi de toi. »
- Vous avez le sentiment de tourner en rond dans votre vie sentimentale ? Confiez-le, et vous découvrirez que d'autres partagent ce même chemin chaotique (et parlez-leur de ce bouquin, au passage !).

Je vous mets au défi d'engager la conversation en posant cette question à votre prochaine rencontre lors de votre premier rendez-vous : « Parle-moi de toi sans me parler de ton métier. » Ou encore : « En quoi es-tu claqué·e au sol ? »

Les personnalités dotées d'autodérision sauront se livrer avec humour et légèreté.

Vous m'en direz des nouvelles…

Qu'on se le tienne pour dit : votre vie intime devrait être un endroit où vous pouvez retirer le masque social et laisser émerger votre grain de folie. Alors ne négligez pas votre plaisir, et évitez de réprimer ce que vous êtes et ce qui vous habite. C'est justement l'un des ingrédients clés de l'alchimie des relations !

Exprimez-vous, faites des blagues nulles et des jeux de mots qui vous font rire, faites-vous plaisir ! Autorisez-vous à penser différemment de la meute, soyez sensible, soyez fragile, exclamez-vous, exprimez vos désaccords franco.

Osez parler de ce qui vous tracasse, parlez de ce qui vous touche ; et, en toutes circonstances, soyez curieux de l'autre.

Ce que l'on veut : que les gens soient séduits par qui nous sommes vraiment, pas par une façade en carton-pâte, remplie de petits artifices. Quel intérêt à être fake et à vendre des faux-semblants ? Créer des relations qui le seront tout autant ?...

En étant honnête, on crée un terreau fertile pour des relations où tout est fluide, simple, tellement satisfaisant. C'est par ici que l'amour authentique prend racine : en se montrant sous son vrai jour.

« Chelou », vous dites ? Oui, ça peut faire un peu peur, mais la vulnérabilité est notre meilleure alliée. Ouvrir son cœur est un acte de courage et de puissance. Ça nous permet de filtrer ceux qui ne sauraient pas nous apprécier à notre juste valeur, ceux qui ne nous méritent pas. En laissant tomber les masques, nous attirons des personnes qui nous correspondent vraiment, qui voient notre beauté dans nos défauts. Alors oui, embrassons notre authenticité, même si ça veut dire montrer nos failles. C'est de cela qu'il s'agit. Parce que, en fin de compte, c'est là que les connexions véritables peuvent naître.

Bien entendu, faites-le graduellement, à votre rythme, *date* après *date*. Observez les réactions de l'autre, puis ouvrez-vous telle une poupée russe 🙂. Une poupée en cache une autre !

Vous êtes bien plus libre que ce que vous ne pensez.

Et ceux qui vous jugeront ou ceux que ça gênera n'ont qu'à passer leur chemin bien tranquillement.

Érigez la curiosité en qualité fondamentale

Ingrédient ultime de notre tambouille ! Dans une époque où les interactions sont souvent en mode automatique (« Cc ça va ? » « Tu fais quoi dans la vie ? »), instaurer la curiosité comme valeur centrale est essentiel pour cultiver des rencontres de qualité et développer une vibe incroyable – que ce soit sur des applications de dating ou dans la vie quotidienne. La psychologie comportementale souligne que la curiosité non seulement favorise l'empathie, mais améliore également la qualité des interactions humaines. Une étude publiée dans le *Journal of Personality and Social Psychology* révèle que les personnes curieuses sont davantage enclines à éprouver de la compassion, car elles cherchent à comprendre véritablement les autres, au-delà de leur façade.

Poser des questions, c'est la base. Premièrement, l'attention sera portée sur l'autre, et vous n'aurez pas à parler de vous tout de suite. Le cran du dessus : poser des questions originales et intéressées aux personnes que vous rencontrez permet de créer des échanges significatifs. N'hésitez pas à poser des questions ouvertes, telles que : « Quelle est ta plus grande passion ? » ou « Quel rêve souhaites-tu réaliser ? ». Ces questions ne sont pas si banales qu'elles en ont l'air, elles ouvrent des discussions profondes qui facilitent l'établissement de liens émotionnels.

Bénéfices immédiats : vous serez maître de la situation. Ces questionnements vous permettront aussi de glisser, petit à petit, dans une conversation plus profonde et sincère, comme vous les aimez.

Sur le plan neurologique, des recherches ont montré que l'engagement dans des interactions curieuses activait les circuits de récompense dans le cerveau, entraînant une augmentation du bien-être personnel.

Bénéfices secondaires : chaque rencontre est une opportunité d'apprendre non seulement sur l'autre, mais aussi sur soi-même. Cela vous permet de clarifier vos propres valeurs et préférences, tout en renforçant vos compétences relationnelles.

Grosso modo, plutôt que de glisser vers des échanges passifs et superficiels (ennuyeux et répétitifs…, on n'en peut plus), engagez-vous à faire de la curiosité votre boussole dans le monde des rencontres. En osant poser des questions pertinentes et en écoutant réellement les réponses, vous ouvrirez des connexions plus profondes. La prochaine connexion que vous ferez pourra être l'occasion d'une belle histoire, à condition d'aborder la rencontre avec un esprit d'ouverture, curieux, explorateur. Vous verrez, on y prend goût très vite.

La science (pas infuse) de l'écoute active

Nous consacrons des années à l'apprentissage de la lecture et de l'écriture, et il nous faut des années pour apprendre à parler. **Mais avons-nous vraiment appris à écouter ?**

Des recherches ont montré que nous retenons entre 25 % et 50 % de ce que nous entendons (ça rentre comme ça sort, en vrai).

Et ces pourcentages plongent dans les abysses, lorsqu'on n'est pas attentif, que l'on est distrait, sur son téléphone, ou en mode « multitâche »… La routine, quoi.

Écouter l'autre peut paraître facile, voire anodin, mais manifestement la véritable écoute – celle qui aide à établir des relations, à résoudre des problèmes et à assurer la compréhension –, on la pratique rarement correctement.

Encore plus dans nos routines hyperconnectées, dans le brouhaha de nos vies, dans notre propre vacarme mental, où l'on enchaîne les textos, les DM, les matchs, les reels Insta, les mails, les vocaux, les déplacements, etc.

Pourtant, la véritable écoute est l'une des compétences les plus importantes que l'on puisse avoir et développer dans notre vie. Car la qualité d'écoute a un impact direct et majeur sur toutes nos relations.

Avez-vous, dans vos relations, des personnes avec qui vous vous sentez vraiment écouté, avec qui vous avez un champ complètement libre pour vous livrer sur tous les sujets (être accueilli, compris, sans être jugé ni interrompu) ?

Je crois que vous êtes vraiment très chanceux, si vous en trouvez plusieurs.

J'ai découvert, il y a sept ans, qu'il existe une discipline scientifique consistant à se concentrer sur ce qui est dit plutôt que de simplement entendre le message. Une écoute qui donne à son interlocuteur tout le temps d'explorer ses pensées et ses sentiments.

L'écoute active

C'est une discipline conceptualisée par M. Carl Rogers – psychologue humaniste américain. Il y trouva de nombreuses applications dans la psychothérapie, la relation d'aide, et même la médiation et l'éducation.

J'ai donc découvert que l'écoute active, c'est écouter avec un effort conscient pour entendre non seulement les mots prononcés par une autre personne, mais, plus important encore, le message complet transmis, dans toute sa dimension verbale et non verbale[8].

L'écoute active induit une concentration, de l'observation, le fait d'être dans l'ici et maintenant. Être là pour prendre en compte l'autre, dans toute sa dimension physique et émotionnelle, et non pas pour répondre.

L'écoute devient active lorsque la personne qui la pratique participe activement à la compréhension du message. Quand on écoute en conscience, on s'adapte pleinement à son interlocuteur, avec empathie, pour obtenir une interaction fluide.

Plus concrètement, cela consiste à :

- écouter sans interrompre ;
- questionner régulièrement ;
- reformuler ;
- bien tenir compte de la sémantique ;
- confirmer ce que l'on a compris.

Clairement, l'écoute active va à l'encontre de notre écoute classique, car notre réflexe naturel n'est pas de nous taire, mais de répondre, d'intervenir, de réagir (voire surréagir !), avec le prisme de notre grille de lecture ou de notre carte du monde.

Écouter activement, c'est suspendre en quelque sorte l'emballement naturel de nos jugements, de nos croyances et de nos interprétations.

Cela demande donc un véritable effort conscient, pour faire taire son propre discours : il faut vraiment se faire violence pour ne pas intervenir tout de suite dans la discussion ou interpréter, ou encore prodiguer des conseils ou solutions au moment où l'autre s'exprime.

Avant de me former en école de psychothérapie, j'avais toujours considéré qu'écouter visait à remonter le moral, à donner des conseils… Eh bien, j'ai vite compris que la première étape pour mieux écouter était vraiment d'apprendre à me taire, de plus en plus.

Depuis que je suis formée, même en dehors du cadre de ma profession, je m'efforce de donner jour après jour (et non sans mal), dans toutes mes relations, toujours plus d'espace à l'autre. Je m'efforce d'accepter de plus en plus les silences qui permettent à l'autre de réfléchir, d'ajuster sa pensée.

Et ce que je constate, c'est que, par mimétisme, certains de mes proches me renvoient ce comportement d'écoute. Serait-ce une pratique contagieuse ? OH QUE OUI, c'est une vraie vibe !

Alors, dans les grandes lignes, voici les fondamentaux que je me suis mise à appliquer concrètement dans mes comportements de communication.

1. Au préalable de toute conversation, courte ou longue, importante ou non, je prends le temps, et j'éteins le mode « multitâche ». Je switche off tout ce que je fais.

Donc j'évite toute forme de distraction, écrans ou autres ; je me concentre à 100 % sur la conversation. De toute façon, je n'arrive pas du tout à faire deux choses à la fois, donc c'est parfait 🙂

2. Ensuite, plus technique : je pratique le non-jugement, je fais taire mes pensées. Je me pose intérieurement.

J'essaie d'écouter sans juger l'autre personne ni critiquer mentalement les choses qu'elle me dit. Je calme le flot de mes pensées et tâche de ne pas faire de conclusions hâtives.

Je garde bien à l'esprit que la personne qui parle utilise son langage, sa sémantique, sa représentation du monde qui est différente de la mienne. Du coup, je ne présuppose pas connaître ses pensées et ses sentiments, pour lui laisser tout le champ libre. C'est pas fastoche, faut s'accrocher. C'est un vrai gainage mental !

3. Aussi, j'essaie le moins possible d'interrompre ou d'imposer mes solutions.

J'essaie du mieux que je peux de laisser l'interlocuteur terminer chaque point avant de poser des questions. J'essaie de ne plus le couper soit en terminant sa phrase, soit en dégainant direct des contre-arguments, comme je pouvais le faire auparavant.

Je pense que l'interruption peut être interprétée comme : « Je me fiche de ce que tu penses », « Ce que j'ai à dire est plus intéressant ». De ce fait, désormais, je fais le max pour m'abstenir.

Et, lorsque j'écoute un ami ou un collègue évoquer un problème, j'évite de suggérer des solutions. Sauf quand on me le demande ouvertement ; c'est un *game changer* dans les conversations !

Car j'ai aussi appris qu'un conseil non demandé est rarement apprécié, ou suivi. Alors j'apprends toujours plus à me taire.

4. Je donne un feed-back régulier tout au long de l'échange.

Donc non, je ne reste pas muette comme une carpe dans mes conversations. Je comprends mon interlocuteur et lui signifie en paraphrasant par exemple, de temps en temps, le contenu du message.

Ou j'acquiesce simplement et montre ma compréhension à travers des expressions faciales appropriées, ou très souvent par des formules telles que : « Hum », « Je comprends », « D'accord », « Je vois »... Grands classiques !

5. Je pose aussi des questions ouvertes.

Pour laisser place à des réponses détaillées.

J'essaie de les poser au bon moment. Je m'intéresse, en tâchant de ne pas être envahissante.

Je veux m'assurer de bien comprendre. Ainsi, je lâche des : « Tu veux dire que... ? », « Pourrais-tu m'en dire plus à propos de... ? », « Pourrais-tu me donner un exemple de... ? »

6. Très important : en face-à-face, je maîtrise mon non-verbal.

Je crée les conditions de posture et d'attitude qui génèrent un environnement dans lequel les gens se sentent – je l'espère – écoutés et compris. Dans l'immobilité physique, par exemple.

Parce que, en gros, plus le corps est détendu, plus l'esprit est calme. Et plus je suis calme, mieux j'écoute.

7. Je maintiens également le contact visuel.

Car c'est l'un des moyens les plus efficaces de montrer à l'autre que je suis à l'écoute, intéressée et engagée. Personnellement, j'ai un peu de mal à commencer des conversations quand je ne vois pas l'autre me regarder quand je lui parle. Et toi, ça te le fait aussi ?

8. J'adapte ma posture.

Donc posture ouverte, j'évite les bras croisés, je me penche tout légèrement vers la personne, si je suis en face, tout en respectant son espace personnel.

Donc voilà, je me débrouille pour que mon langage corporel indique que je suis à l'écoute, mais également que je suis intéressée.

Parler moins et écouter davantage. C'est un sacré taf de reprogrammation au quotidien, et je pense que je suis encore un peu loin du compte.

OUI, ce sont des efforts, du self-control, un vrai mental fitness ! Mais je pense sincèrement que cela peut être à la portée de tout le monde.

Dans une société où l'on n'est pas peu intéressé par ce que publient nos amis sur les réseaux sociaux, et parfois même plus intéressé par le fait de les voir en personne pour écouter ce qu'ils peuvent avoir à nous raconter, eh bien je pense que cette compétence est clé – voire complètement indispensable à développer.

Aparté

Il est courant que de nombreuses personnes ressentent une attirance pour leur thérapeute, une infirmière (ou tout autre professionnel de santé), un conseiller, un avocat, une enseignante, ou un coach. Cette dynamique – souvent appelée « transfert » – peut s'expliquer par le fait que ces professionnels incarnent des figures d'écoute et de soutien exceptionnelles. Selon une étude de l'American Psychological Association, près de 40 % des patients ont rapporté avoir ressenti une connexion émotionnelle intense avec leur thérapeute, souvent liée à la qualité de l'écoute qu'ils reçoivent.

Pas si étonnant, je trouve ! Dans un monde où une oreille attentive est devenue rare, le temps et l'attention qu'un professionnel accorde à ses clients offrent un espace sécurisant, permettant une exploration en profondeur des pensées et des émotions. Quand les gens se sentent réellement écoutés, valorisés et pris en compte, cela peut susciter des réactions émotionnelles puissantes, touchant des zones sensibles de leur vécu.

Vous avez déjà ressenti cela auprès d'un collègue de travail, d'un parfait inconnu, voire de votre boulanger ? Check ! L'écoute est une arme de séduction massive, qui peut véritablement faire la différence dans les relations. *High five !*

L'art de la *questiologie*

L'art de la question bien posée est l'un des plus puissants outils que vous pouvez avoir dans votre boîte à outils relationnelle !

Certes, la *questiologie* est un terme qui pourrait paraître austère, mais qui, en réalité, est la clé pour ouvrir les portes de conversations riches et authentiques lors de vos rencontres. Pourquoi se contenter d'un simple : « Salut, ça va ? » – question fermée, qui invite une réponse évasive de type « Oui, ça va, merci » – alors que vous pourriez créer des conversations profondes et originales avec des questions réfléchies et ouvertes ?

C'est un véritable art, qui favorise la connexion émotionnelle, et c'est à la portée de tous. Il a été ma planche de salut depuis mon adolescence, en tant qu'introvertie et pudique peu encline à m'étaler sur ma vie. Poser des questions a longtemps été ma stratégie pour éviter de parler de moi. Et, finalement, la plupart des gens adorent que l'on s'intéresse à eux ; ce qui aide aussi à créer une connexion forte et un sentiment de bien-être chez l'autre. Tout le monde est content !

Selon la psychologie, la curiosité et l'intérêt que l'on démontre à travers nos questions renforcent non seulement le lien émotionnel, mais incitent aussi notre interlocuteur à partager des détails plus personnels et significatifs. Les questions ouvertes, celles qui commencent par « Comment », « Pourquoi » ou « Qu'est-ce que tu penses de... », « Comment tu expliques que... », « Quel est ton sentiment sur... » permettent à la conversation de s'épanouir et d'emmener votre échange vers des territoires inexplorés. En plus de faire ressentir à notre interlocuteur qu'il est écouté, regardé, pris en compte (ce qui devient de plus en plus rare dans un monde sursaturé à l'attention qui diminue comme peau de chagrin).

Voici quelques exemples qui pourraient transformer vos échanges initiaux :

« Qu'est-ce qui t'a passionné/fasciné, récemment ? »

Cette question incite l'autre à partager ses intérêts et ses passions ; ce qui peut donner lieu à des discussions enrichissantes.

« Quel est le dernier livre ou film qui t'a marqué ? Et pourquoi ? »

Une bonne manière de découvrir les valeurs et les idées qui résonnent avec votre interlocuteur.

« Si tu pouvais vivre n'importe où dans le monde, où irais-tu ? Et pourquoi ? »

Cela ouvre la porte à des rêves, aspirations et valeurs profondes.

« Y a-t-il une expérience qui t'a appris quelque chose d'important ? »

Une question qui permet des réflexions personnelles et peut créer un lien tellement puissant.

« Qu'est-ce qui te fait rire aux éclats ? »

Une façon de partager des moments amusants et de dévoiler un côté authentique de chacun.

« Quels sont tes proches ou personnes célèbres qui t'inspirent le plus ? En quoi et pourquoi ? »

Faites des choix de partenaire éclairés. Lorsque vous vous lancez dans le monde des rencontres, choisissez avec sagesse, autant que faire se peut. Mettez de la conscience dans vos élans et vos mécanismes, et sortez du mode automatique. Retenez bien : vous êtes aux commandes.

Ne vous laissez pas séduire uniquement par des atouts instagramables ou par des clichés de perfection qui, au fond, ne sont que de jolis emballages. Sortir avec quelqu'un juste « parce qu'il est gentil », même combat ! Avant d'investir le lien, accordez-vous un moment pour réfléchir à ce qui compte vraiment pour vous. Quelles valeurs fondamentales aimeriez-vous partager avec un partenaire ? L'honnêteté, la solidarité, le respect, la proactivité ? Avoir une vision claire de vos propres valeurs vous permettra de flairer, comme un bon renard, les personnes compatibles avec votre univers sur le long terme.

Ne sous-estimez jamais vos ressentis ! À chaque rencontre, soyez à l'écoute de vos émotions. Comment vous sentez-vous avec cette personne ? Est-ce que vous vous sentez en sécurité, entendu et respecté ? Ou êtes-vous plutôt noué, anxieux, voire sur vos gardes ? Et quand elle sort avec ses amies ou se déplace loin de sa région pour le travail..., êtes-vous serein ou tendu ?

Se fier à son ressenti est crucial pour évaluer si une relation mérite d'être explorée, bien au-delà des attraits superficiels que certains sont si doués pour exposer.

Et n'oubliez pas de passer en mode « observateur » : évaluez le caractère bien plus que l'apparence. Dans un monde où les réseaux sociaux nous servent une réalité souvent retouchée, il est essentiel de regarder au-delà de ces façades rutilantes.

Posez-vous les bonnes questions :

- À part son physique ou son métier, de quoi êtes-vous fier quand vous parlez de cette personne ?
- Quelles qualités humaines de cette personne résonnent en vous ?
- Si l'apparence n'avait pas d'importance, que voudriez-vous que votre entourage voie chez elle ?

De même, observez comment il (ou elle) traite ceux qui ne lui apportent rien. Quelles sont ses attitudes, dans des contextes variés ? Chacune de ces interrogations vous aidera à y voir plus clair et à ne pas vous perdre dans les subterfuges des premiers rendez-vous, et dans l'auto-enfumage que l'on peut parfois s'infliger.

En somme, prenez le temps de faire le bon choix, rien ne presse. Un bon partenaire est celui qui enrichit votre vie, et non celui qui s'ajoute simplement à votre collection d'instants affichés en stories. Ensemble, bâtissez une relation où vos valeurs communes et la paix intérieure guideront chacun de vos pas.

Intéressez-vous à une seule personne à la fois

Back to basics: les lois de l'attachement.

Se concentrer sur une seule personne présente en effet de nombreux avantages, même si cela va à l'encontre de la surconsommation amoureuse moderne. Cette approche est, à mon sens, une condition essentielle à un attachement sain, en favorisant la construction de relations plus profondes et satisfaisantes.

La psychologie et les neurosciences apportent, de leur côté, des éclairages intéressants sur ce sujet.

Se disperser dans plusieurs relations peut souvent entraîner une fragmentation émotionnelle et une instabilité psychologique. Selon certaines recherches[9], le fait de partager son attention entre plusieurs partenaires peut générer du stress émotionnel, de l'anxiété et une dilution de l'intimité. Cette dispersion nuit à la capacité de développer des liens solides et authentiques ; ce qui peut créer une sensation de superficialité dans les interactions, et augmenter le risque de conflits intérieurs.

À l'inverse, en se concentrant sur une seule personne à la fois, il est possible de cultiver un attachement plus sécurisé. La théorie de l'attachement suggère que, lorsqu'on investit pleinement du temps et de l'énergie dans une relation spécifique, on favorise des éléments cruciaux, tels que la confiance, l'intimité émotionnelle et la stabilité. Ces éléments sont fondamentaux pour créer un attachement dit « sécure », qui contribuera à un bien-être émotionnel durable. En réduisant la fragmentation de l'attention et en s'engageant de manière plus profonde et significative, on peut non seulement diminuer les tiraillements internes, mais également renforcer ses compétences relationnelles et son épanouissement personnel.

Privilégier la qualité et la profondeur des échanges sur la quantité est une des clés pour s'ouvrir à des relations plus épanouissantes et enrichissantes. Ce chemin est à contre-courant du capitalisme relationnel, des pratiques de *body count*, ou de la volonté de prouver au monde sur les réseaux qu'on est capable de pécho…

Lorsqu'une connexion sécurisante, réconfortante, se produit et se développe, des neurotransmetteurs comme l'ocytocine (hormone de l'attachement) sont libérés, favorisant le sentiment de sécurité, de confiance et de bien-être.

Ces expériences répétées avec cette même personne renforcent les connexions neuronales associées à l'attachement, et participent à la construction d'un attachement sain et sécurisé. Ce qui contribue plus globalement à réduire le stress lié à la pression de la surconsommation relationnelle, et à accroître sa confiance en sa capacité à établir des liens durables et significatifs.

Se concentrer sur un lien qualitatif qui nous procure du bien-être, c'est œuvrer pour davantage de sécurité affective et de paix, afin de libérer de l'espace mental pour avancer dans sa vie vers ce qui compte vraiment pour soi. C'est hacker son système pour stopper toutes les divergences, les éparpillements, et réapprendre à se concentrer, à rediriger son attention vers ce qu'il y a de plus bénéfique pour soi.

Être clair et 100 % honnête sur ses besoins et envies

Il faut dire les termes dès le début. Parce que de la transparence et de l'expression claire et limpide de ses émotions naissent l'intimité et la complicité.

Hélas, un partenaire que l'on vient de rencontrer n'a pas le pouvoir de lire dans votre esprit, ni de deviner ce que vous ressentez (et n'a pas à essayer de deviner, tout court) : chacun vit dans sa propre réalité, avec sa carte du monde, ses perceptions et émotions et son expérience de vie. Même topo dans une relation longue.

Aussi, il est de votre ressort et de votre responsabilité de verbaliser un besoin, une envie, une confession, un sentiment.

Certes, on réprime souvent ce que l'on pense – par peur du regard de l'autre, par peur d'être jugé, rejeté, incompris –, mais bien souvent ce comportement peut agir comme un véritable poison intérieur, quand une situation nous touche véritablement.

Taire ce qui existe en soi crée un mur invisible entre soi et l'autre, et ajoute de la charge émotionnelle dans le rapport à l'autre.

Tandis que dire ce que l'on ressent, comment on vit les choses, ce que l'on voudrait voir se réaliser, confier ses idées, ses questionnements, ses doutes et même parfois dire « non » ou « stop, ça ne me convient pas » sont autant de comportements qui permettent de rester maître de sa trajectoire. C'est une manière mature et fonctionnelle de prendre la pleine responsabilité de ses relations.

En apprenant à verbaliser ce qui vous touche, ce qui se joue en vous, ce qui vous préoccupe ou ce que vous voulez, vous commencerez à créer des liens plus simples, authentiques et profonds. Croyez-moi, cette étape a un impact incroyable : non seulement cela rend vos relations actuelles plus enrichissantes, mais ça déclenche aussi un effet boule de neige dans toute votre vie. En vous comprenant mieux et en vous exprimant clairement, vous ouvrez la porte à des connexions plus saines et sécurisantes à l'avenir.

C'est comme si vous débloquiez un nouveau niveau dans un jeu vidéo : chaque fois que vous vous exprimez avec sincérité, vous éliminez les obstacles d'anxiété et gagnez des points de confiance en vous. En progressant dans ce jeu des relations, vous découvrez des fonctionnalités inédites et une expérience enrichie qui vous permettra d'établir des connexions plus authentiques et profondes.

Je vous encourage à verbaliser librement et toujours plus (pas forcément dans cet ordre-là) :

- **Les activités que vous souhaitez partager :** dites clairement ce que vous aimez faire, que ce soit aller à la salle de sport, au cinéma, faire des randonnées ou cuisiner ensemble. Cela aide à établir des moments de complicité dès le départ ;
- **Ce qui vous plaît chez l'autre :** évoquez ce qui vous attire chez votre partenaire – que ce soit son sens de l'humour, son intelligence, ou sa passion pour un sujet. Cela renforce la connexion et le sentiment de sécurité émotionnelle ;
- **Les comportements qui vous déplaisent :** si une habitude ou un comportement particulier vous dérange, des mots, une manière de communiquer, il est important d'en parler rapidement, pour éviter les malentendus et les ressentiments futurs ;
- **Vos attentes relationnelles :** établir d'emblée ce que vous cherchez dans la relation (sérieux, amitié, recherche d'un partenaire à long terme, etc.) permet d'aligner vos intentions et d'éviter les mauvaises surprises ;

Aparté

Dès notre premier rendez-vous, mon amoureux et moi avons choisi d'exprimer ouvertement nos attentes respectives. Lui souhaitait profiter de l'instant ; tandis que, pour ma part, j'ai avoué rechercher ma « perruche » (oui, j'ai utilisé cette métaphore sans détours !). J'ai précisé que, en attendant de dénicher cet oiseau rare, j'étais ouverte à faire connaissance et à savourer des moments légers, sans pression. Trois mois plus tard, nous avons tous deux exprimé notre désir de construire une relation fondée sur l'exclusivité, et une volonté partagée de passer plus de temps ensemble. Il était évident que rien n'était joué d'avance pour nous.
Pour moi, une véritable rencontre est une surprise. Il est essentiel d'apprendre à se laisser surprendre, tout en conservant une certaine flexibilité et ouverture d'esprit, afin que l'inattendu puisse se manifester.

- **La fréquence de communication :** chaque personne a ses propres attentes et pratiques concernant le nombre de messages, d'appels... Savoir ce qui convient à l'autre peut éviter frustrations et malentendus ;
- **Vos priorités personnelles :** parlez de vos engagements (travail, études, amis) pour que votre partenaire comprenne le contexte de votre vie et sache à quoi s'attendre en termes de disponibilité ;
- **Vos définitions et visions de la fidélité :** la fidélité peut revêtir des significations différentes pour chacun.

Parlez de ce que cela signifie pour vous deux : est-ce l'exclusivité émotionnelle, physique, ou quelque chose de plus fluide ? Établir une compréhension mutuelle de la fidélité dès le début pourra prévenir des malentendus et renforcer la confiance entre vous ;

- **Les valeurs importantes pour vous :** identifiez des aspects comme la loyauté, l'honnêteté ou la communication, qui sont fondamentaux à votre intégrité personnelle et à votre vision d'une relation saine. Demandez à votre partenaire quels sont ses fondamentaux, et accueillez-les sans jugement. C'est un exercice qui peut être compliqué pour certains profils peu habitués à l'introspection ;
- **Vos limites personnelles :** abordez vos limites en termes d'espace personnel, de temps, ou de comportements que vous considérez comme inacceptables (de manière générale, pour commencer). C'est essentiel pour créer un environnement de respect mutuel ;
- **Votre rapport à l'intimité :** il est important d'évoquer à quel point vous êtes à l'aise avec l'intimité physique et émotionnelle, en fonction de la phase de la relation. Cela peut aider à établir un rythme confortable pour tous les deux ;
- **Vos passions et centres d'intérêt :** exprimez vos passe-temps, vos passions et ce qui a réellement de l'importance pour vous. Cela peut enrichir la dynamique de votre relation et ouvrir la porte à plus de moments partagés.

Vous êtes désormais en possession de bons basiques de l'affirmation de soi. Challengez-vous un peu chaque jour sur ces points ; dans le pire des cas, avec le temps, qui sait si vous pourrez gagner en audace, en élégance et en bravoure ?

Visez la sobriété relationnelle

Tout comme la sobriété écologique nous invite à réduire notre empreinte carbone sur la planète en adoptant des modes de vie plus durables et respectueux de l'environnement, j'encourage la sobriété relationnelle, pour limiter la consommation excessive de relations superficielles, pour privilégier des connexions de qualité. À présent, comme en chimie, tout est une question de dosage, mes chers compatriotes!

La sobriété relationnelle, c'est avant tout adopter une approche plus réfléchie et mesurée de ses comportements et de sa responsabilité dans les rencontres.

Elle permet de cultiver des liens plus profonds, et de prendre le temps de vraiment apprendre à connaître une personne, à partager des moments de qualité et à établir une véritable connexion émotionnelle.

Pratiquer la sobriété relationnelle, dans un monde où la rapidité et la superficialité semblent prédominer, c'est avoir l'audace et le courage de nager à contre-courant, de ne pas faire comme les autres et d'établir ses propres règles. Et de s'y tenir.

Cela peut commencer par ralentir le rythme de ses interactions, en limitant son temps volontairement sur les applications, par exemple. Les consulter uniquement une fois par jour, sur un temps limité? Les cacher dans des dossiers non visibles, pour restreindre ses automatismes?

Les études récentes mentionnent qu'en France la génération Z passe en moyenne entre 4 et 5 heures par jour devant les écrans. Cependant, ce chiffre peut varier en fonction des rapports et des études; certaines indiquant même que ce temps pourrait atteindre jusqu'à 7 heures

– ce qui représente entre deux et deux mois et demi sur une année ! Que souhaitez-vous apprendre, faire kiffer ou partager grâce à ce temps ? Sur quoi souhaitez-vous monter en compétence ou vous développer ?

Exercice d'introspection : réfléchir sur ses habitudes relationnelles, pour favoriser une sobriété relationnelle

1. Quelle importance accordez-vous à la qualité de vos relations par rapport à leur quantité ?
2. Prenez-vous régulièrement le temps de vous connecter de manière authentique avec vos proches ?
3. Comment gérez-vous les situations de conflit ou de tension dans vos relations ?
4. Êtes-vous à l'aise pour poser des limites claires dans vos interactions avec les autres ?
5. Quels sont vos critères pour déterminer si une relation est équilibrée et satisfaisante pour vous ?
6. Dans quelle mesure êtes-vous capable de respecter les besoins émotionnels et personnels des autres dans vos interactions ?
7. Comment vivez-vous les moments de solitude ou de retrait par rapport aux interactions sociales ?
8. Dans quelles situations ressentez-vous le besoin de vous engager dans des relations superficielles ou nuisibles pour vous ?
9. À quel point êtes-vous conscient·e de l'impact de votre comportement sur vos relations avec les autres ?
10. Comment nourrissez-vous et entretenez-vous vos relations les plus importantes ?

Vous voilà désormais équipé·e d'outils minimum pour sortir de votre bulle et engager des interactions authentiques. Certes, chaque rencontre aura ses défis, et vous aurez à ajuster vos postures, votre communication et vos outils pour notamment aborder la phase de séduction, qui n'est pas exempte de complexité.

Les premières impressions, les jeux de séduction et les dynamiques émotionnelles peuvent souvent se révéler déroutants.

C'est pourquoi nous allons à présent décrypter quelques obstacles courants qui peuvent survenir lorsqu'on cherche à établir une relation qui compte pour soi (ou pas). Préparez-vous à activer de nouvelles compétences relationnelles, pour développer votre discernement, apprendre à être plus juste avec vous-même, et développer votre intégrité personnelle et relationnelle.

CHAPITRE 8

Défis au terme des premiers *dates*

Maintenant, nous allons décortiquer quelques défis inévitables lors de la phase de séduction, de construction, et surtout apprendre à accepter l'impermanence du lien amoureux. Ça vous parle ? Mais si, vous savez : toutes les relations, qu'elles soient romantiques ou amicales, sont sujettes à des changements et à des évolutions au fil du temps. Cela signifie que les sentiments, les dynamiques et même la connexion elle-même peuvent fluctuer, se renforcer ou s'affaiblir...

Attendez-vous à remettre en question des préjugés établis. C'est le moment de s'armer de clarté et de courage, d'embrasser l'inconnu, et surtout de vous engager non seulement envers l'autre, mais aussi envers votre propre développement personnel. Vos plus belles histoires d'amour n'ont pas encore été écrites, je vous le garantis.

S'assurer de la disponibilité émotionnelle d'une personne

Avez-vous déjà rencontré une personne qui, malgré une proximité apparente et de nombreux échanges, demeure détachée, affichant peu de curiosité ou d'empathie à votre égard ? Une personne qui esquive les discussions profondes, comme si elle était incapable de s'ouvrir, de se montrer vulnérable et d'être entière avec vous ? Une personne qui évite soigneusement les situations ou contextes de rencontre qui permettraient de partager de la connexion émotionnelle, de la complicité ?

L'indisponibilité émotionnelle peut se manifester de plusieurs façons. En effet, les individus émotionnellement indisponibles ont souvent du mal à répondre aux besoins affectifs de l'autre dans une relation. Ils peuvent éprouver des difficultés à percevoir et à comprendre les émotions d'autrui ; ce qui complique l'établissement d'une connexion profonde et sécurisante.

Ce comportement peut découler de traumatismes passés, de blessures émotionnelles non résolues, ou de schémas relationnels qui se sont installés au fil du temps. Loin de moi l'idée de faire de la psychologie de comptoir, mais gardons à l'esprit qu'on ne connaît jamais réellement le bagage émotionnel de tout un chacun, et les séquelles que chacun porte en soi. Pour éviter de sombrer dans le syndrome du sauveur, de s'enliser dans une relation unidimensionnelle ou de négliger ses propres besoins, il est crucial de poser des constats clairs sur l'évolution d'une relation et les comportements de l'autre.

Lorsque vous engagez une relation avec quelqu'un d'émotionnellement indisponible, la confusion peut rapidement mener à des interprétations erronées, à des fantasmes et à des récits intérieurs déformés, loin de la réalité. Pour créer un environnement de confiance et de sécurité, il est primordial de vous assurer que l'autre personne traverse une phase amoureuse similaire à la vôtre. Je précise : cela signifie qu'elle est prête à investir du temps, de l'énergie et de la réciprocité dans la relation. Pas simplement dans ce qu'elle verbalise, mais surtout dans les actes, les comportements, sa cohérence.

Chaud devant, pour confronter les faits et rester dans le réel, il est important de vérifier :

- que la personne porte un intérêt réel et suivi à vos émotions et préoccupations ;
- qu'elle vous soutient et vous encourage dans vos projets et vos aspirations, qu'elle se sent concernée par ce qu'il se passe dans votre vie ;
- que vous vous sentez à l'aise de partager vos pensées et vos émotions les plus profondes avec cette personne (et que celle-ci le fait également) ;
- que cette personne respecte vos limites et vos besoins émotionnels ;
- qu'elle est présente physiquement pour vous dans les moments de difficulté ou de besoin ;
- que cette personne exprime ouvertement ses propres émotions et se montre vulnérable en votre présence ;
- que vous partagez des moments de complicité et de connexion émotionnelle avec elle ;
- que vous vous sentez en confiance et en sécurité émotionnelle en sa présence (mais aussi lorsqu'elle n'est pas là) ;
- que cette personne exprime de l'empathie, de la compréhension et de l'authenticité dans vos interactions.

Chaud derrière, sachez cerner les nuances et questionner l'autre, si vous avez des doutes et questionnements :

- Une personne peut dire qu'elle vous apprécie, mais aussi vous dire qu'elle ne cherche pas de relation sérieuse. Cette personne ne veut pas vous donner de faux espoirs, et pourtant alterne entre des signes d'intérêt et de désintérêt.

- Une personne peut vous apprécier suffisamment pour explorer quelque chose avec vous, mais peut aussi ne pas être prête à entrer en relation.
- Beaucoup profitent simplement de leur célibat retrouvé ; ce qui en soit ne pose aucun problème, tant que ça se fait dans le respect et la transparence. Et beaucoup sont déjà probablement dans une relation avec quelqu'un d'autre (ou beaucoup d'autres, pour les grands consommateurs).
- Et certaines personnes ne sont intéressées que par des relations intimes, et ne cherchent rien de plus à cette étape de leur vie.

Soyez vigilant, identifiez les nuances, obtenez des réponses claires et évitez de forcer une relation qui vous apporte frustration et tourments. Gagnez du temps et de l'énergie émotionnelle.

En début de relation, déjouez les pièges du « feeling », en prenant votre temps.

Dans une époque où l'hyperréactivité et les sensations immédiates sont devenues la norme, suggérer de prendre son temps apparaît presque comme un acte de rébellion. Je constate souvent, à travers mes accompagnements, que de nombreuses personnes se retrouvent lourdement éprouvées après s'être lancées corps et âme dans une relation naissante, seulement pour se rendre compte qu'il ne s'agissait que d'un mirage séduisant. Prendre le temps est pourtant l'une des clés les plus simples, mais aussi les plus puissantes, pour éviter les pièges tendus par nos hormones en folie et notre désir insatiable d'une gratification instantanée. Qui aurait cru que ralentir serait l'antidote aux relations superficielles ?

Y aller *piano piano* peut sembler désuet, dans notre monde où tout s'accélère. Mais qu'est-ce qui vous pousse à vous infliger cette torture de la précipitation ? Quels trésors cachés se trouvent derrière cette lenteur délibérée ?

Éviter l'illusion du bonheur instantané est primordial. L'adrénaline du début d'une relation, alimentée par la dopamine, peut nous faire croire que nous avons déniché la perle rare. En ralentissant, vous vous protégez de cet emballement qui vous aveugle face aux véritables enjeux de la relation.

Accordez-vous du temps, beaucoup, pour vraiment connaître votre partenaire. La précipitation nuit souvent à notre capacité de voir clairement qui est vraiment l'autre. En vous donnant l'opportunité de partager des moments dans divers contextes – avec des amis, des défis communs ou des journées tranquilles –, vous pourrez observer son comportement authentique et comprendre ses valeurs. C'est cet échange qui est essentiel pour bâtir une connexion solide.

En avançant à une allure modérée, vous réduisez également le risque de décompensation émotionnelle. Se précipiter peut créer une intensité sans fondement réel, engendrant déséquilibres et frustrations. En revanche, cette approche vous permet de vous ajuster mutuellement sans pression, cultivant ainsi un climat de confiance et de sécurité.

Éviter l'idéalisation précoce est tout aussi crucial. La précipitation pousse souvent à construire une image fantasmée de votre partenaire, laquelle image, à terme, ne fera que s'effondrer quand la réalité ne correspondra pas au rêve. Prendre du temps vous permet de découvrir la richesse de l'autre, dans toute sa complexité et sa vérité. En savourant chaque étape, vous bâtissez un lien authentique et durable, fondé sur la sincérité, et non sur des illusions volatiles.

Enfin, prenez conscience que cette pression du « tout, tout de suite » crée des tensions et des attentes irréalistes qui peuvent nuire au bien-être de chacun. En avançant à un rythme qui vous convient à tous les deux, vous choisissez la voie du respect et de la sérénité. Alors, pourquoi ne pas vous adonner à cette délicieuse rébellion de la lenteur, et savourer chaque instant du voyage amoureux ?

On a beau avoir des skills redoutables pour le déni, il faut l'admettre : seul le temps et la prudence peuvent nous révéler la véritable nature d'une personne. Alors choisissons de nous engager sur la base de nos ressentis, de la cohérence dans le temps, plutôt que de nous laisser illusionner par des atouts instagrammables, des récits séduisants, des filtres et comportements de façade, et notre propre auto-enfumage ! Car brûler les étapes, c'est souvent risquer de se brûler les ailes.

Sachez à qui vous avez affaire

Dans les premiers temps d'une relation, un jeu fascinant se met en place, souvent sans que nous en soyons vraiment conscients. Un peu comme dans un casting, chacun choisit avec soin les traits de personnalité et les anecdotes qu'il souhaite mettre en avant pour séduire l'autre. Ce mécanisme – que les psychologues appellent la « *self-presentation* » – souligne notre besoin inné de plaire et d'être aimé. Nous voulons parfois nous présenter sous notre jour le plus flatteur, tout en masquant nos zones d'ombre et nos défauts.

Ce petit jeu de séduction peut durer de quelques semaines à plusieurs mois, selon les dynamiques de chaque couple et l'engagement de chacun. Les psys s'accordent à dire que cette phase de préservation de l'image est à son paroxysme pendant les premiers rendez-vous, souvent jusqu'à ce que le niveau de confort et de familiarité s'installe. En moyenne, attendez-vous à ce que cette période dure environ deux à trois mois. Certes, c'est passionnant, mais attention aux illusions !

C'est précisément pour cela qu'il est crucial de garder à l'esprit qu'il ne suffit pas de s'en tenir à des échanges superficiels, à des selfies retouchés, à quelques nuits torrides ou à des soirées passées à se distraire. La vraie connaissance de l'autre prend forme lorsque la vulnérabilité et la confiance s'instaurent – un processus qui peut demander bien plus de temps. Soyez patient ! Prenez le temps d'observer la personne que vous fréquentez, au-delà des façades séduisantes qu'elle présente au début. La profondeur ne se trouve pas dans les comportements de surface, mais dans les nuances et les textures de la personnalité de l'autre, qui se dévoilent peu à peu, au fil des inconforts notamment. Voici quelques éléments fondamentaux à considérer pour réussir son casting dans le grand cinéma de l'amour.

Prenez le temps de vérifier la cohérence entre les paroles et les actes de l'autre. Ses promesses se traduisent-elles par des actions concrètes ? Par exemple, si votre partenaire parle de son désir d'engagement, mais agit de façon évasive ou inattentive, cela peut être un red flag. La constance est un bon indicateur de fiabilité.

Observez son comportement dans différents contextes. Que ce soit lors d'une soirée entre amis ou face à un imprévu stressant, ou une frustration. C'est souvent dans ces moments que sa véritable personnalité émerge. Les rendez-vous romantiques peuvent donner une version édulcorée d'une personne, mais les situations de la vie quotidienne en disent beaucoup plus.

Explorez son univers, et observez comment la personne interagit. Ces situations révèlent des indices cruciaux sur sa façon de gérer les défis de la vie. Et n'oubliez pas : le temps est votre meilleur allié, dans cette quête. Les vraies couleurs d'une personne ne s'affichent pas instantanément ; elles se dévoilent au fur et à mesure que vous partagez des expériences authentiques. En observant ses multiples facettes, vous finirez par vraiment comprendre qui elle est, loin des premières impressions trompeuses. En gros, soyez un détective de la vie réelle ! Prenez le temps d'explorer, et vous découvrirez une image beaucoup plus complète et riche qu'un simple profil Instagram.

Évaluez ses réactions face aux conflits. Observez comment la personne gère les désaccords et les tensions. Une personne qui sait exprimer ses émotions avec maturité et respect est souvent un bon indicateur d'une relation saine à long terme. Par rapport à cela, la manière dont elle aborde des sujets difficiles témoigne de sa capacité à être ouverte, honnête et réceptive à la discussion.

Observez son niveau d'engagement et ses priorités. Comment investit-elle son temps et son énergie ? Fredonne-t-elle toujours la même chanson sur le fait d'être occupée ou de « vivre le moment présent » ? Les priorités qu'une personne pose révèlent souvent ce qui est vraiment important pour elle. Si votre relation est en haut de sa liste, cela peut être un bon signe.

Discutez des valeurs et des projets d'avenir. Engager une discussion sur vos valeurs respectives, vos ambitions personnelles et ce que vous souhaitez pour l'avenir peut révéler beaucoup sur les intentions de votre partenaire. Attention cependant à ne pas être trop intrusif trop tôt ; la spontanéité et le respect des temps de chacun sont également des atouts à observer.

Soyez à l'écoute de votre intuition. Faites attention à votre propre ressenti. Parfois, notre instinct nous envoie des signaux quand quelque chose ne va pas, ou lorsque tout semble aligné. Toujours tenir compte des signaux faibles ! Ne vous laissez pas berner par les apparences et par de belles paroles. Il est essentiel de rester attentif aux signaux faibles que votre partenaire pourrait émettre. Des comportements subtils, du non-verbal, des petites réflexions malaisantes, un manque de politesse ou de respect, ou encore ces fameux « chauds et froids » sont souvent des indicateurs précieux que vous ne devez pas balayer d'un revers de la main.

Ces petits signaux peuvent sembler anodins au début, mais ils sont souvent les précurseurs de problèmes bien plus profonds. Alors, restez vigilant ! N'hésitez jamais à maintenir vos standards en matière de comportement, car vous méritez d'être avec quelqu'un qui vous traite avec la dignité et le respect qui vous reviennent de droit. En prêtant attention à ces détails, vous pourrez éviter de tomber dans de grandes désillusions par la suite. Rappelez-vous toujours : la tranquillité d'esprit dans une relation repose sur la confiance dans les actions de l'autre. Ne laissez pas les sourires en façade vous aveugler ; restez attentif à la réalité, même aux petites nuances, car elles ont souvent plus de poids que vous ne le pensez.

Vous n'êtes probablement pas trop sensible, ou trop inquiet. Souvent, quand y'a un doute, y'a un doute ! Ne sous-estimez jamais votre intuition. Elle peut être un guide puissant pour déceler des incohérences ou des incompatibilités dès le début d'une relation. Mettez les pieds dans le plat !

Normalisez le fait d'exprimer vos émotions et sentiments

Je ne sais pas vous, mais à travers mon expérience de vie j'ai constaté qu'exprimer ses émotions était parfois considéré comme une faiblesse. Exprimer son attirance, sa passion, sa joie, sa rage, ses révoltes, ses refus, sa colère peut être vu comme un comportement gênant et non conforme aux normes comportementales. J'ai le sentiment que nous n'avons pas été éduqués et autorisés à exprimer librement nos émotions.

Dans la romance 2.0, je crois que c'est exacerbé.

Je constate, dans mes consultations, que chez de nombreux individus il existe des peurs conscientes et inconscientes de ne pas établir de liens émotionnels avec des personnes qui pourtant leur plaisent. Avec la croyance sous-jacente que c'est celui qui est le plus détaché qui détiendrait le pouvoir dans la relation...

Chez certains, la stratégie inconsciente consiste à fuir les émotions en accumulant les matchs, les *dates*, les followers, les likes, et les plans Q...

Je constate également que, pour beaucoup, la gamme d'émotions exprimée reste primaire : « Je suis bien/mal »,

« Je suis triste », « J'ai peur ». J'entends rarement des nuances.

Comment exprimer ce que l'on veut et poser ses limites, si l'on est incapable de poser des mots simples sur ce qui se joue en nous ?

Pour créer des relations authentiques, épanouissantes et saines, notre défi collectif et individuel consisterait justement à réapprendre à parler de soi, de ses sentiments, de ce qui se joue en soi-même. Réapprendre à mettre les mots justes et les nuances sur ses ressentis. Le dictionnaire des émotions peut aider à apprivoiser sa palette de couleurs émotionnelles. C'est un retour aux basiques.

Nos émotions sont un système d'alerte instinctif indispensable à notre survie, qui nous alerte tant sur des aspects bienfaisants à cultiver que sur des situations négatives ou toxiques pour nous.

Accueillir, identifier et exprimer nos émotions au quotidien est justement le garant de notre bien-être psychique et de la qualité de toutes nos relations.

A contrario, se bloquer ou se dissocier de ses émotions, les mettre sous le tapis, les confiner, se transforme en maux et affections divers (en somatisations). Puisque nos émotions se cristallisent au niveau du corps.

Communiquer ses désirs, ses limites, ses besoins et aspirations…, sans les imposer, c'est à mon sens être responsable, respectueux de soi. Et c'est également cela qui conditionne les bases d'une communication authentique.

Avant de communiquer ce qui se joue en nous…, nous devons apprendre à identifier précisément les émotions qui nous traversent.

Exercice : la roue des émotions

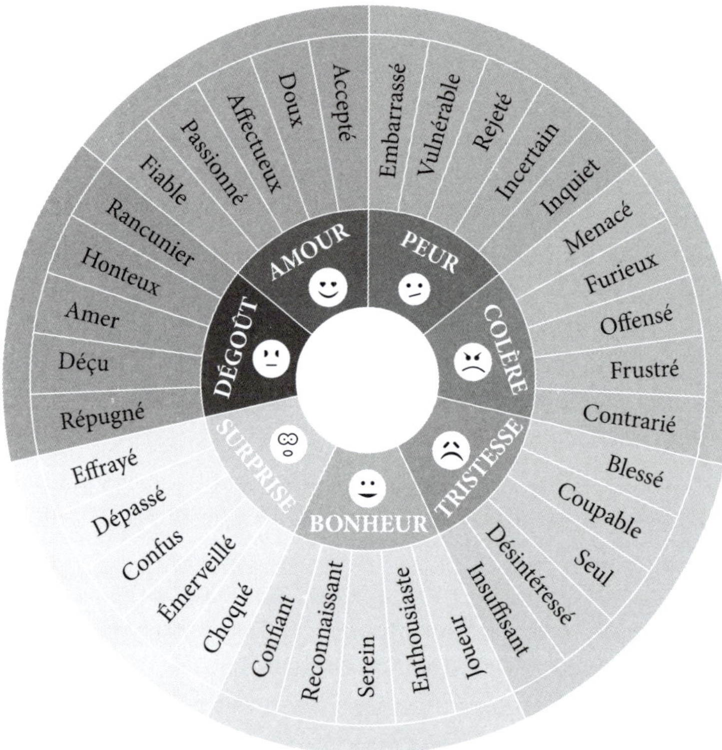

Je vous invite à la garder dans votre téléphone et à y jouer le plus souvent possible chaque jour pour toutes les situations de votre quotidien.

Consigne : *je voudrais que vous puissiez, à chaque instant, poser des mots (dans votre tête) sur les émotions qui vous traversent. Sans juger, si possible. Ici, il s'agit des ressentis et sensations qui vous passent par le corps et par la tête.*

But de l'exercice : *programmer un dialogue interne* clair, net et précis *pour induire les états émotionnels les plus appropriés.*

(Sans mots, sans vocabulaire adapté, sans identification et sans précision, le cerveau bugue. Les émotions sont confuses, les comportements ne savent plus où se situer.)

Pour gagner en vocabulaire, pour enrichir votre dialogue interne, puis induire des états émotionnels plus appropriés : la lecture est indispensable.

Dans une deuxième étape, dans différentes situations de la vie, il conviendra d'exprimer ce qui vous traverse avec des tournures adaptées et de le faire toujours plus dans les différents cercles relationnels qui sont les vôtres.

Exemple : dans le cas de mécontentements, tristesse ou conflits

Pour les mécontentements et conflits :

« Ça me rend triste, ce que tu me dis. »

« Ça me fait de la peine, quand tu te comportes comme ça. »

« Ça me bloque et ça me fait bizarre, quand tu réagis comme ça. »

« Ça me brise le cœur, quand tu prononces ces mots. »

« Je te trouve dur·e avec moi, je ne pense pas mériter que tu me dises ça. »

« Je ne comprends pas que tu puisses penser ça. Tu peux m'expliquer ? »

« Je trouve ça injuste. Ça me chagrine que ça se passe comme ça entre nous. »

« Je suis déstabilisé·e, quand on se parle comme ça. »

« Ça me semble démesuré/disproportionné. »

Enjeux : *éviter d'utiliser « Tu », éviter à tout prix de parler de l'autre. Parler de ses besoins et ressentis permet de contourner le reproche, et de se concentrer sur ce que vous voulez faire respecter chez vous. Sans inquisition, sans attaque, simplement en exprimant ce qui se joue en vous. C'est une des bases de la communication non violente.*

Parfois, sachez lâcher l'affaire, ne rien forcer, et renoncer à certaines relations

Dans le cadre de la sobriété relationnelle, je préconise une politique d'austérité, qui vise à des coupes franches.

Qu'il s'agisse d'un crush saisonnier, d'un collègue de boulot avec qui on a eu une aventure, d'une personne que l'on a textée pendant plusieurs semaines sans qu'il ne se passe rien de concret…, parfois des liens peuvent se transformer en « charges » qui prendront de l'espace mental. Et, malgré les projections, l'affection et l'espoir que l'on a nourris, rompre sera parfois le plus juste et le plus respectueux pour soi.

Si vous vous reconnaissez dans ces contextes, on ralentit, on réfléchit et peut-être même qu'on arrête tout !

- Quand une relation est à sens unique et qu'il n'y a que peu de réciprocité.
- Quand des incompatibilités de priorités, d'emploi du temps, d'investissement émotionnel entravent le développement d'un lien.
- Quand les attentes de chacun sont différentes.
- Quand des situations ou des comportements vont à l'encontre de ce qui nous fait du bien ou de ce que nous voulons créer dans notre vie.

- Quand on a l'impression de subir une situation, ou d'être en attente de l'autre.
- Quand il y a un manque de confiance et de sécurité affective.
- Quand vous avez exprimé vos besoins clairement et qu'ils n'ont pas été pris en compte, malgré différentes tentatives.

Il est parfois primordial de renoncer à des relations pour renouer avec soi. Évitez de minimiser, de relativiser, et de confiner vos émotions. Identifiez les liens qui vous coûtent « trop cher » (émotionnellement, psychiquement), faites-vous confiance, et agissez dans votre intérêt.

À quoi bon maintenir des liens souffrants ou frustrants ? De quoi avez-vous véritablement besoin, dans une relation ? (Dressez une liste, si besoin, de tout ce que vous souhaitez ressentir en matière d'émotions, de la façon avec laquelle vous souhaitez être considéré·e, traité·e, et de ce que vous souhaitez partager dans une relation.)

La sobriété relationnelle consiste également à couper des liens éphémères ou souffrants, à laisser partir celui ou celle qui n'est pas prêt à consentir des actes, du temps ou de l'énergie pour nourrir un lien. Pour rediriger son attention vers soi-même et libérer de l'espace pour les liens équilibrés.

Parfois, la paix ne tient qu'à une décision : sortir une personne de sa vie. Vous savez très bien qui.

Trouvez la paix dans la relation

Même si à notre époque c'est un concept sous-coté, il est crucial de rechercher la paix intérieure – ce sentiment de bien-être qui devrait être le socle même de votre connexion. Ce n'est pas l'apanage des bouddhas qui contemplent les roses dans leur temple au matin, nus sous leur toge. INTERVENTION : une relation épanouissante, une personne « bonne » pour nous, cela devrait être synonyme d'élévation, de croissance personnelle et de soutien mutuel, et non d'un stress constant, de peurs incessantes ou d'angoisses plombantes.

Pourtant, on voit bien qu'à notre époque on assiste souvent à une inversion des valeurs : les toxicités banalisées sont souvent valorisées, et trop de personnes croient à tort qu'il faut souffrir pour vivre une relation qui compte vraiment. Cette aberration culturelle fausse notre perception de l'amour, faisant miroiter une souffrance romantique qui n'est en réalité qu'un tabassage en règle de notre bien-être. Spoiler alerte : cette micro-trend va bientôt disparaître.

Au pays de la *best life*, la psychologie moderne nous apprend que l'amour sain est un moteur, une source de force et de croissance. Amis de la nuance, bien sûr, les relations peuvent parfois faire émerger des émotions inconfortables, des insécurités ou des doutes. Encore heureux, même. Mais ces moments doivent être utilisés comme des opportunités pour apprendre et grandir ensemble, plutôt que comme des excuses pour rester coincés dans des dynamiques qui nous font des nœuds au cerveau, au ventre, nous ralentissent et nous pourrissent la vie.

Si vous recherchez – ou tombez constamment sur – des relations qui font souffrir ou qui génèrent du stress, des conflits…, posez-vous quelques questions.

- Quelles sont les émotions récurrentes que je ressens dans mes relations passées ? Et que disent-elles sur mes besoins non satisfaits ?
  Creuser ce point permet d'identifier les schémas émotionnels qui se répètent, et d'explorer ce qui pourrait manquer dans votre vie.

- Qu'est-ce que je cherche vraiment à combler avec ces relations : un sentiment de validation, de sécurité, ou autre chose ?
  Cette réflexion incite à examiner si la recherche de l'amour est motivée par des besoins internes ou des attentes extérieures.

- Quels schémas de comportement ai-je tendance à reproduire dans mes choix de partenaires ? Et d'où proviennent-ils ?
  Cela invite à prendre conscience des choix de partenaires basés sur des expériences passées, souvent ancrées dans l'enfance ou dans des relations antérieures.

- Comment mes croyances sur l'amour et les relations influencent-elles ma sélection de partenaires ?
  Interroger ses croyances et ses normes peut mener à des révélations sur ce que vous pensez mériter ou attendre d'une relation.

- Quelles qualités je recherche vraiment chez un partenaire ? Et comment reflètent-elles ma propre vision de moi-même, et mes besoins ?
  Ces questions aident à analyser si vos attentes envers un partenaire sont basées sur des idéaux sains ou sur des projections de ce que vous pensez devoir être en tant qu'individu.

Enfin, interrogez-vous sur ce que signifie pour vous la paix dans une relation : est-ce un espace où vous vous sentez libre d'être vous-même, où la communication honnête est privilégiée, et où les conflits se transforment en occasions d'apprentissage et d'amélioration ? Si, à l'inverse, vos interactions sont constamment marquées par le stress et l'angoisse, ou encore par des manques de respect, il est temps de repenser ce que l'amour doit être pour vous. Rappelez-vous : une relation devrait enrichir votre vie, pas la compliquer. En effet, les relations toxiques ralentissent notre élan, nuisent à notre santé mentale, et nous empêchent de construire une existence vertueuse.

Osez chercher et prioriser cette paix. Le défi, pour notre génération, est de redécouvrir et de valoriser à nouveau cette valeur essentielle. Encore plus lorsque la société nous paraît hostile à tout plein d'égards.

Les red flags à surveiller

Manque de communication : si votre partenaire évite les conversations importantes ou minimise vos préoccupations, cela peut signaler un manque d'investissement dans la relation. Une communication ouverte et honnête est cruciale pour une connexion saine.

Comportements contrôlants : des tentatives de contrôle – qu'il soit financier, émotionnel ou social – sont un indicateur clé d'une relation déséquilibrée. Une relation saine repose sur le respect de l'autonomie de chacun.

Absence d'empathie : si votre partenaire montre peu d'intérêt pour vos émotions ou difficultés, ou s'il est souvent égoïste dans ses préoccupations, cela peut empêcher l'établissement d'un lien profond et affectueux.

Incohérence dans les promesses : si les paroles de votre partenaire ne se traduisent pas par des actions, cela peut engendrer des frustrations et des doutes sur la sincérité de ses intentions.

Évitement de la vulnérabilité : une incapacité, ou une réticence, à partager des émotions authentiques ou à se montrer vulnérable peut limiter la profondeur de la relation et empêcher un véritable partenariat.

Dynamique de jeux de pouvoir : si l'un des partenaires cherche constamment à prendre le dessus ou à manipuler, cela peut créer un environnement toxique, où la paix sera compromise.

Manque de soutien : si votre partenaire ne soutient pas vos aspirations, vos choix et vos succès, cela peut être un signe de jalousie ou de rivalité, qui n'est pas compatible avec une relation épanouissante.

Épisodes fréquents de conflit non résolus : si les disputes sont récurrentes et jamais résolues, cela peut signaler un manque de respect ou d'empathie dans la relation, rendant difficile la construction d'un environnement paisible.

Critiques constantes : une tendance à critiquer de manière répétée, ou à diminuer vos accomplissements, peut éroder votre confiance et créer un climat émotionnel négatif.

Isolement social : si votre partenaire tente de vous éloigner de vos amis ou de votre famille, cela peut être un signe de manipulation ou de toxicité. La paix dans une relation repose sur la possibilité de maintenir des liens sains avec d'autres.

Les green flags à valider

Authenticité, vérité, dès le départ : les deux partenaires se montrent authentiques, et n'hésitent pas à **dévoiler** qui ils sont vraiment, sans artifice. Cela inclut l'expression de leurs valeurs, de leurs intérêts et de leurs limites.

Communication ouverte, échanges fluides : les conversations sont naturelles et agréables. Chacun se sent libre d'exprimer ses pensées, ses émotions et ses attentes sans crainte de jugement.

Écoute active : l'autre montre un réel intérêt pour ce que vous dites, pose des questions et engage une écoute empathique.

Respect des limites et des espaces personnels : chacun respecte les limites de l'autre – qu'il s'agisse de temps, d'intimité ou d'autres aspects de la relation. Cela montre une maturité émotionnelle et un respect mutuel.

Soutien mutuel, encouragement : chacun encourage l'autre à poursuivre ses passions et intérêts, sans tenter de contrôler ou de limiter les choix. Cela favorise un climat positif et bienveillant.

Validation des émotions : chaque partenaire soutient les émotions et les préoccupations de l'autre, permettant à chacun de se sentir entendu et compris.

Humour partagé, rires et légèreté : une connexion basée aussi sur le rire et l'humour montre une chimie saine. Cela aide à renforcer le lien émotionnel et à rendre la phase de séduction plus agréable.

Égalité dans l'effort, engagement réciproque : chacun investit du temps et des efforts dans la relation – que ce soit à travers des rencontres, des échanges, des petites attentions ou des projets communs. Cela indique un bon équilibre dans l'investissement émotionnel.

Ouverture à l'évolution, à la flexibilité et à l'adaptabilité : les partenaires sont ouverts à apprendre l'un de l'autre et à évoluer ensemble, acceptant que la relation puisse prendre différentes formes au fil du temps.

Vision positive de l'avenir, projections communes : les deux partenaires discutent positivement de l'avenir, expriment des souhaits de partage d'expériences futures, même si cela reste léger et sans pression.

Affection et gestes affectueux : les petites attentions – qu'elles soient verbales (compliments, encouragements) ou physiques (toucher léger, câlins) – montrent une connexion émotionnelle forte qui ne repose pas uniquement sur l'aspect physique.

Indépendance et individualité, soutien à l'autonomie : chacun respecte l'indépendance de l'autre et encourage les activités personnelles, sans générer de jalousie. Cela montre qu'ils apprécient non seulement la relation, mais aussi leur propre individualité.

Les green flags sont aussi cruciaux que les red flags. Certes, on parle souvent des signaux d'alerte, mais, avouons-le, quel bonheur de rencontrer quelqu'un qui fait tout vibrer en mode « tous les voyants sont au vert ». Si ça vous arrive, prenez le temps de le conscientiser, d'admirer ce paysage relationnel si doux, et kiffez la vibe. Quand tout roule, on oublie souvent de l'apprécier. Alors, go, kiffez chaque instant.

CHAPITRE 9

Développer LA relation

Ici, je vais vous révéler quelques recettes que j'ai moi-même expérimentées et qui ont été testées et validées par de nombreuses personnes que j'ai accompagnées, afin de transformer un simple flirt en une relation solide et authentique. Psychologie de comptoir, bonsoir ! Parfois, j'en fais, et j'adore ça ; vous aussi ?

Spontanéité, réciprocité et respect, entre autres. Voilà quelques-uns des ingrédients magiques qui feront de votre histoire une aventure épique. Préparez-vous à briser les foutaises du style « si c'est la bonne personne, tout sera facile », et à embrasser l'impermanence du lien amoureux comme une opportunité de grandir ensemble (et de grandir, tout court !). Ce voyage n'est pas du tout un long fleuve tranquille, alors sortez les rames. Je vous promets qu'il vaut vraiment le détour.

Visez et trouvez la réciprocité

La réciprocité, on ne le dit jamais assez, c'est le cœur palpitant d'une relation amoureuse de qualité. Voici pourquoi il est crucial de s'assurer que cette dynamique est bien présente avant de vous engager plus profondément.

L'équilibre des efforts : une relation où l'un donne constamment et l'autre prend sans jamais rendre peut rapidement devenir toxique. La réciprocité crée un équilibre essentiel, où les deux partenaires investissent pour faire avancer la relation. Si l'un des deux est toujours en train de tirer la couverture à lui, c'est le meilleur moyen de se choper une énorme crève et d'effriter la complicité.

La validation des sentiments : quand vous voyez votre partenaire s'investir autant que vous, cela valide vos sentiments et vos efforts. Vous ne vous sentez pas comme un simple figurant dans le film de vie de l'autre, mais comme un coscénariste. Lorsque les efforts sont mutuels, vous vous dites que vous n'êtes pas seul·e sur ce bateau, et vous nourrissez ainsi un lien émotionnel fort.

La dynamique de l'engagement : selon la psychologie comportementale, la réciprocité renforce l'engagement. Quand chacun s'investit, cela crée un « contrat psychologique » tacite. Plus vous faites des efforts l'un pour l'autre, plus il devient difficile de se séparer. Vous devenez un duo inséparable, surfant à deux sur les vagues parfois chaotiques de la vie.

Évitez les malentendus : la réciprocité aide à clarifier les attentes. Si l'un est toujours en train de faire des efforts, et que l'autre ne bouge pas le petit doigt, cela peut engendrer des malentendus et des ressentiments. Avoir un investissement équilibré permet de garder la communication claire, et d'éviter les frustrations inutiles.

Faites place à la relation authentique : une relation où l'énergie émotionnelle est équilibrée est plus susceptible d'être authentique. Le jeu des rôles dans une dynamique déséquilibrée (le donneur et le receveur) joue souvent des tours et peut mener à des faux-semblants. Rien de tel que de savoir que votre partenaire est également investi dans la relation pour favoriser une connexion profonde et sincère.

La réciprocité n'est pas simplement une option, c'est le fondement d'une relation amoureuse solide et durable. Pour créer une connexion de qualité, assurez-vous que les efforts et les émotions circulent dans les deux sens. Ne sacrifiez jamais, ô grand jamais, votre bien-être sur l'autel de l'amour ! Après tout, l'amour, c'est un chemin à deux ; et il doit être balisé par le respect et l'équilibre. Donner, oui ; et attendre en retour, aussi. Vous avez capté le topo.

Trouvez la cohérence et le respect absolu

La cohérence, c'est le fait d'être fiable et intègre dans la relation. C'est quand vos paroles et vos actions sont alignées ; ce qui permet à votre partenaire de vous faire confiance et de se sentir en sécurité dans la relation. C'est être régulier dans ses comportements, ses attentions, ses actes. La cohérence dans une relation crée un environnement de confiance et de stabilité. À l'inverse, les dynamiques fluctuantes, les chauds/froids, les instabilités nuisent à la sécurité du lien, à la paix (et bien souvent à la santé mentale).

Et quand je parle de respect absolu, je parle du fait de traiter son partenaire avec bienveillance, dignité et considération, en reconnaissant ses besoins, ses sentiments et son individualité. C'est comme respecter les règles d'un jeu équitable : en intégrant les limites de l'autre et en le traitant avec gentillesse, ou en créant un terrain de jeu où chacun se sent valorisé et respecté.

Pour moi, le respect inclut également les limites à ne pas dépasser : hausser le ton, la violence verbale, psychologique et physique, l'intimidation, le chantage, le mépris, ou toute forme de rabaissement, de domination, de pouvoir ou encore d'isolement… Sachez identifier les red flags dès qu'ils apparaissent, vous connaissez la chanson. Ne laissez rien passer, exprimez-vous ; et si cela est nécessaire, demandez de l'aide extérieure dès les premiers doutes.

Devenez une équipe

Bâtir une relation amoureuse, c'est bien plus que partager des moments de kif ensemble : c'est embrasser l'idée d'être des coéquipiers, des compagnons de route dans une aventure commune. Tout comme dans une équipe, chaque membre a des atouts, des qualités et des failles qu'il va apporter à la dynamique. En faisant preuve de coopération, de communication ouverte et de respect mutuel, vous pourrez créer un espace sûr et épanouissant pour chacun. Envisager votre couple comme une équipe signifie aussi comprendre que les défis seront inévitables, mais que vous pourrez les surmonter puis en sortir renforcés. Voici quelques clés essentielles pour bâtir cette relation de partenaires, où l'harmonie et l'épanouissement sont à la fois des objectifs et des pratiques quotidiennes.

Ayez la meilleure complicité et les meilleures conversations de votre vie ensemble. Créez un environnement sécurisant, où chacun se sentira libre d'exprimer des pensées et des émotions, sans crainte de jugement.

La recherche en psychologie sociale montre que des conversations profondes et authentiques favorisent l'attachement émotionnel. Engagez-vous dans des dialogues significatifs, en posant des questions ouvertes qui invitent à l'exploration des valeurs, des rêves et des peurs.

Si vous ne savez pas comment vous y prendre, des jeux et applications peuvent vous y aider : l'application Kemi, par exemple (que j'ai lancée tout récemment sur l'appstore, avec un de mes acolytes), qui aide à développer des conversations profondes.

Partagez des moments enrichissants – que ce soient des activités créatives ou des escapades. Les études montrent que les couples qui vivent des expériences nouvelles ensemble renforcent leur lien affectif, car ces moments partagés génèrent des souvenirs positifs et sexuels, grâce à la libération de dopamine. Plus vous approfondissez ces échanges, plus vous vous rapprochez d'une complicité solide et durable.

Dites-vous les vérités, surtout celles qui fâchent. Jetez des pavés dans la mare. La vérité est le ciment d'une relation solide. Bien sûr que parfois ça fait mal, que ça fout le seum et que c'est douloureux.

Adopter une communication transparente et respectueuse, c'est se prémunir du fait que de petites frustrations se transforment en ressentiments. Soyez pragmatique, et ne laissez rien s'accumuler, si possible. Utilisez au maximum des formules basées sur votre ressenti, comme : « Je ressens..., lorsque... », plutôt que de pointer du doigt. La psychologie comportementale souligne que ce type de communication non confrontant réduit la défensive de l'autre, favorisant alors l'ouverture et la compréhension.

Plutôt que de passer des soirées à scroller sur vos reels et sur TikTok, faites des pyjama-partys, des apéros sans téléphone, des tête-à-tête qui seront l'occasion d'établir des *check-ins* réguliers – des moments où chacun partage ses pensées et sentiments sur la relation. C'est une pratique clé pour maintenir la confiance et l'harmonie, permettant à chaque partenaire d'exprimer ses besoins, et de grandir ensemble dans cette dynamique partagée.

Apprenez et progressez ensemble. Créez des espaces et des situations où vous pouvez apprendre l'un de l'autre – que ce soit à travers des cours en ligne, des hobbies, du sport ou des lectures communes. Selon les théories de la psychologie positive, cet apprentissage mutuel renforce les liens d'attachement et la satisfaction relationnelle.

En outre, fixez des objectifs communs qui favorisent le travail d'équipe – cela peut varier d'un simple projet de bricolage, d'une séance de sport, à la planification d'un voyage. Le fait de surmonter des défis ensemble cultive un sentiment de réussite partagée et de complicité. Rappelez-vous : une relation épanouissante repose sur l'idée que vous êtes deux partenaires dans une aventure d'apprentissage perpétuel.

Ouvrez vos horizons ensemble. Vous aventurer hors de votre zone de confort peut avoir un effet dynamisant sur votre relation. Engagez-vous dans des activités inédites – qu'il s'agisse de voyages, de découvertes culturelles ou même de projets artistiques. La recherche[10] montre que vivre des expériences nouvelles ensemble libère des hormones comme l'ocytocine, renforçant l'attachement et l'intimité. Discutez des différences de points de vue et de préférences ; ne les voyez pas comme des obstacles, mais comme une richesse à explorer. Une approche ouverte et curieuse vis-à-vis des expériences de votre partenaire peut enrichir votre relation de manière significative. Investir dans ces moments partagés crée un terreau fertile pour une relation vivante et durable. Ne sous-estimez jamais le pouvoir des nouvelles expériences pour renforcer votre lien !

Entretenez une vibe incroyable

Pensez à votre relation comme à un jardin : peu importe que vous soyez encore dans la phase de papillons dans le ventre ou que vous cultiviez un amour de longue date, garder cette vibe incroyable et cette alchimie brûlante nécessite un petit coup de main. Les papillons, la flamme, le coup de cœur…, tout cela a besoin d'entretien, de soins et de nutriments !

Aborder sa relation comme un être vivant, c'est comprendre qu'elle évolue constamment. Les règles, le pacte de relation peuvent donc aussi évoluer, alors il est crucial d'en discuter autant que nécessaire.

Et la relation, pour la voir fleurir, il faut lui donner un maximum de soins. En prenant conscience de vos besoins mutuels et en y apportant attention, compréhension, surprises et amour, vous devenez les jardiniers de votre propre bonheur amoureux.

En se détachant des croyances limitantes, comme « si ça ne fonctionne pas facilement, ce n'est pas la bonne personne », vous ouvrez la voie à un peu de patience, d'observation et d'actions bienveillantes de votre part. Rappelez-vous que chaque relation a ses hauts et ses bas. Un jardin en bonne santé nécessite des soins, des ajustements et parfois un peu de désherbage.

En prenant soin de votre relation au jour le jour, vous transformez votre jardin d'amour en une oasis dynamique où la passion peut continuer à éclore. Alors, régulièrement, sortez vos outils, donnez un coup de frais, et laissez votre lien fleurir !

Voici les fondamentaux que j'applique personnellement avec mon amoureux pour maintenir une vibe incroyable dans notre relation, et que je vous recommande de tester, si cela vous parle.

S'envoyer des petits messages good vibes au quotidien : transformez votre communication quotidienne en un véritable échange d'énergies positives. Faites de chaque notification un micro-moment de plaisir. Envoyez des SMS surprenants, comme une photo de quelque chose qui vous fait penser à lui/elle dans la journée, devenez vous-même un meme, ou partagez une citation inspirante que vous auriez croisée. Une photo d'une gourmandise que vous aimez en commun, ou encore des vidéos messages pour les plus à l'aise peuvent transformer l'ordinaire en quelque chose de spécial. Envoyer des messages de soutien, quand on sait que l'autre travaille dur, renforce votre connexion et rappelle à l'autre qu'il est présent dans votre quotidien. Même à distance.

Rangez vos téléphones, lorsque vous êtes ensemble : ensemble, faites de votre relation un sanctuaire sans distraction, où vous pourrez pleinement vous investir l'un pour l'autre. Éteindre les téléphones et laisser de côté les notifications lors de vos rendez-vous, ou laisser de côté les réseaux sociaux permet de favoriser la connexion. Lorsque vous êtes ensemble, le monde peut attendre, ne pensez-vous pas ? Je pense que c'est fondamental, dans des semaines où finalement on n'a pas vraiment la possibilité de passer tout le temps que l'on voudrait ensemble. Proposez un défi pour commencer, si cela vous semble hors de portée : passez une soirée entière sans écrans, et consacrez ce temps à discuter, à jouer à des jeux de société ou à cuisiner ensemble.

Faites des soirées Netflix des exceptions : plutôt que de vous vautrer sur le canapé en automatique chaque week-end, envisagez de nouvelles formes de divertissement. Avez-vous déjà essayé un book club à deux ? Ou de transformer votre salon en salle de jeux de société ? De jouer à des quiz et blind tests ensemble ? De vous poser des questions existentielles et tenter d'y répondre ensemble ? Ces activités renforcent la complicité, tout en vous permettant de mieux vous connaître.

Séduisez-vous mutuellement en continu : continuez à prendre soin de votre apparence et de votre bien-être, même après des mois et des années de relation. Prenez quelques minutes pour choisir une tenue qui vous met en confiance avant de le/la retrouver, ou d'organiser une soirée spéciale. Sentez-vous sexy et en confiance pour vous-même (et cela peut même se faire dans un beau jogging qui vous est flatteur !), afin de vous sentir à l'aise et de dégager une énergie plaisante en sa compagnie... Vous lui enverrez le message inconscient que vous voulez être à votre prime, non seulement pour vous, mais aussi pour lui/elle.

Faites des *dates* régulièrement : rien ne vaut l'effet d'un rendez-vous où vous vous mettez sur votre 31 ! Organisez un dîner sur le thème d'un pays qu'il souhaite visiter, ou choisissez des restos avec vue, des cadres insolites, inscrivez-vous ensemble à un cours de danse, de yoga ou toute autre activité qui pourrait vous rapprocher de manière expérientielle... Discutez de vos vies, de vos rêves et de vos défis du moment. Ces moments dédiés à la reconnexion vous montreront que la curiosité d'hier peut être tout aussi excitante aujourd'hui. Gardez à l'esprit : on présuppose connaître son autre, et pourtant il change chaque jour que Dieu fait, sous l'influence de ses différents cercles de vie.

Partagez une activité en commun : que ce soit du sport, de la cuisine, un art, une activité manuelle, ces activités ne sont pas seulement ludiques, elles vous permettent aussi d'apprendre à travailler ensemble et à renforcer votre complicité. C'est un ciment du couple. En vous soutenant mutuellement dans ces expériences, vous bâtissez des souvenirs et créez un lien plus fort.

Faites des surprises : il n'est pas nécessaire que ce soit un grand geste ; même une note d'amour laissée sous l'oreiller ou un petit cadeau surprise (par exemple, sa pâtisserie préférée) peut raviver l'étincelle. Planifiez une sortie surprise le week-end ou proposez un pique-nique improvisé dans le parc. Improvisez une soirée massage. Ces petites attentions ajoutent une dose de nouveauté à votre quotidien et rappellent à quel point vous vous souciez l'un de l'autre.

Faites un check-up fréquent de vos émotions : consacrez quelques minutes chaque semaine pour discuter de ce qu'il se passe dans votre vie – que ce soient les tracas professionnels ou les victoires personnelles. Une simple question – comme : « Comment as-tu vécu ta semaine ? » – peut ouvrir un dialogue précieux. Ce type de communication régulière permet de rester connectés et d'anticiper les tensions éventuelles avant qu'elles ne deviennent problématiques.

Exprimez de la gratitude au quotidien : ça peut sembler tellement cul-cul dit comme ça (oui, ça l'est), mais exprimer de la gratitude l'un envers l'autre au quotidien est une pratique qui peut transformer votre relation. Que ce soit par un simple « merci » pour une petite attention, une appréciation pour un geste quotidien ou un compliment sincère, ou encore le remercier fréquemment de faire partie de votre vie, le remercier pour les week-ends ressourçants que vous passez ensemble… Ces expressions de reconnaissance créent un climat positif et chaleureux entre vous. Selon la psychologie positive, la gratitude est non seulement un moyen de renforcer les liens affectifs, mais elle est également directement liée à une amélioration de la satisfaction relationnelle.

Des études[11] ont démontré que les couples qui pratiquent régulièrement la gratitude ressentent une plus grande connexion et une meilleure communication. Cela favorise une ambiance où chacun se sent valorisé et compris ; ce qui est essentiel pour maintenir l'intimité et la confiance. De plus, lorsque nous nous concentrons sur les aspects positifs de notre partenaire, nous modifions notre perception et notre ressentiment face aux défis de la relation. La gratitude a le pouvoir de détourner notre attention des frustrations et des désaccords, nous permettant de renforcer notre complicité.

Faites-en une habitude ! Que ce soit à travers des mots, des gestes ou même des notes surprises, cultiver la gratitude alimente le bien-être et la confiance dans votre couple.

Proposez et expérimentez des activités différentes : participez ensemble à des événements locaux, à des concerts ou même à des ateliers créatifs ! Essayez ce nouveau café à deux quartiers de chez vous, ou allez explorer un parc, un domaine ou une plage que vous n'avez jamais visités ; un spectacle de stand-up, de magie ; faites du roller, du vélo, du skate, une balade à cheval ensemble… Ou encore une sortie dans un musée ou une visite de monuments régionaux type châteaux, villages. Ces aventures stimulent la curiosité et brisent la routine, tout en favorisant le partage de nouvelles expériences. Changer de décor contribue activement à insuffler une nouvelle dynamique à votre relation.

Osez sortir de vos habitudes !

Résolvez des petits problèmes ensemble : que ce soit un projet de bricolage, une nouvelle recette ou même le jardinage, travailler à deux sur des tâches quotidiennes peut créer des moments de complicité et de satisfaction partagée. C'est l'occasion d'apprendre à négocier et à coopérer – compétences essentielles pour construire une relation solide.

Entretenez l'intimité physique : n'oubliez jamais que l'intimité physique est cruciale dans une relation. Que ce soit par des câlins, des massages, des caresses, ou d'autres gestes tendres, ces moments de contact physique renforcent le lien affectif et apportent une sensation de sécurité. Les neurosciences démontrent que l'ocytocine – souvent appelée « hormone de l'amour » – est libérée lors de ces interactions, favorisant l'attachement et la confiance entre partenaires.

Créez des rituels : comme un moment de câlins avant de dormir, ou des massages partagés ; ce qui permet non seulement de renforcer votre connexion physique, mais aussi de nourrir une complicité émotionnelle. Vous pourriez également prévoir un dîner hebdomadaire, préparé ensemble, où vous testez de nouvelles recettes ou cuisines du monde, transformant chaque repas en une aventure gourmande. Vous pouvez aussi instaurer des rendez-vous surprises, où chacun planifie une activité inattendue pour l'autre, favorisant ainsi l'excitation et la découverte. N'hésitez pas non plus à vous engager dans un rituel de déconnexion : une soirée par mois sans écrans où vous vous concentrez uniquement sur votre relation, en jouant à des jeux, en lisant ensemble ou en vous racontant vos rêves et désirs. Rappelez-vous que chaque geste compte : la tendresse, la proximité et l'affection physique sont des ingrédients essentiels pour maintenir la flamme vivante dans votre relation. En intégrant ces rituels dans votre quotidien, vous renforcerez non seulement votre lien, mais vous créerez un répertoire de souvenirs partagés qui enrichiront votre vie à deux.

En cultivant ces pratiques, vous construisez non seulement une relation forte, mais vous enrichissez également votre quotidien de moments précieux. Célébrez chaque jour cette intimité, car elle est le cœur battant de votre connexion.

Intégrez l'impermanence du lien

Accepter que le lien amoureux soit impermanent est essentiel pour naviguer sereinement dans la complexité des relations. Chacun de nous évolue constamment, façonné par ses expériences, son environnement et ses interactions. En thérapie de couple, je vois chaque partenaire comme un individu unique – appelons-les « Système A » et « Système B » – tandis que leur relation constitue un troisième système : le « Système C ». Chaque système est influencé par divers facteurs, comme l'éducation, les expériences passées, les amis, le travail, les valeurs personnelles, la santé, et d'autres influences extérieures.

Cette impermanence signifie que la relation est toujours en mouvement, tout comme les personnes qui la composent. Il y aura des moments de passion intense, suivis de périodes de calme ou de tension. Plutôt que de craindre ces fluctuations, il est important de les voir comme des occasions de grandir ensemble. Chaque phase de votre relation vous offre une chance de redécouvrir votre partenaire et de renforcer votre lien.

Au lieu d'attendre de l'autre qu'il (ou elle) guérisse vos blessures ou comble vos vides, comprenez que votre dynamique relationnelle est là pour vous aider à développer des compétences émotionnelles. Apprenez à communiquer de manière plus authentique et à vous soutenir mutuellement dans vos transitions et changements. En adoptant cette perspective sur l'impermanence, vous vous ouvrez à l'adaptation face aux mouvements de la vie, tout en renouvelant votre engagement, quel que soit le chapitre que vous traversez.

Accepter et apprécier cette impermanence est un puissant atout pour construire un lien amoureux plus profond et résilient. Cela vous aide à avancer ensemble, avec grâce, à travers les hauts et les bas de votre vie à deux.

Si vous pensiez que les gens ne changent pas, détrompez-vous !

Comme le disait si bien le psychologue Carl Rogers : « La question essentielle n'est pas de savoir si nous devons changer, mais plutôt comment nous pouvons le faire. » Chaque jour, nous évoluons dans nos cellules, nos pensées, et même dans nos émotions. C'est simplement la nature humaine en action !

Considérons que notre cerveau est un véritable gymnaste, entraînant continuellement de nouvelles connexions neuronales en réponse à nos expériences. Chaque rencontre – qu'elle soit douce ou tumultueuse – contribue à notre développement. Tout comme un bon vieux smartphone, nous nous mettons à jour, téléchargeant de nouvelles applis et supprimant les bugs du passé.

Quand on s'engage dans une relation, il est vital de se préparer à l'idée que les deux partenaires vont changer, parfois même de manière imprévisible. Ce qui vous a attiré chez l'autre au départ peut évoluer. Ces changements peuvent parfois prêter à confusion, mais ils sont inévitables et peuvent être perçus comme des opportunités de renouvellement.

En amour, il ne s'agit pas seulement de reconnaître ces transformations, mais aussi de les accueillir. Chaque phase de votre relation est une chance d'apprendre à mieux connaître l'autre et de réévaluer la dynamique que vous partagez. Ceux qui s'accrochent à l'idée que tout doit rester statique risquent de se heurter à une frustration (voire à des murs). Au contraire, la capacité d'adaptation et d'acceptation vis-à-vis de cette impermanence du lien amoureux permet de créer une connexion plus profonde et résiliente.

En somme, le changement est inévitable, même dans les plus belles histoires d'amour. En embrassant cette réalité, vous transformez les hauts et les bas de votre relation en une danse dynamique plutôt qu'en un champ de bataille. Alors, préparez-vous à accueillir l'impermanence avec ouverture et curiosité, car à chaque nouvelle étape un monde de nouvelles possibilités s'offre à vous !

Tout ce qui fait que nous changeons en permanence

Voici une liste de facteurs qui contribuent à notre changement quotidien, et qui illustrent l'idée que le changement est une constante de notre existence en tant qu'êtres humains.

Expériences de vie

Les événements marquants, qu'ils soient positifs ou négatifs, modifient notre perspective et notre comportement.

Exemple : après un voyage à l'étranger, vous développez une nouvelle perspective sur la culture et l'ouverture d'esprit, souhaitant intégrer davantage de diversité dans votre vie quotidienne.

Apprentissages

Chaque jour, nous acquérons de nouvelles connaissances et compétences, que ce soit à travers l'éducation formelle, la lecture, l'écoute ou l'observation.

Exemple : vous assistez à un atelier de développement personnel qui vous enseigne de nouvelles techniques de communication, vous permettant de mieux exprimer vos émotions dans vos relations professionnelles et personnelles.

Interactions sociales

Les conversations et les relations avec les autres influencent notre façon de penser et nos croyances. Nous évoluons par les échanges que nous avons avec notre entourage.

Exemple : une conversation profonde avec un ami vous amène à remettre en question vos opinions sur un sujet d'actualité, élargissant ainsi votre point de vue et votre compréhension de différentes perspectives.

Nos émotions changent constamment, influençant notre comportement, nos décisions et nos relations. La gestion de ces émotions peut également nous faire évoluer.

Exemple : après une rupture amoureuse, vous ressentez une vulnérabilité qui vous pousse à explorer vos émotions ; ce qui va vous aider à développer une plus grande empathie envers les autres.

Adaptation à l'environnement

Nous nous adaptons aux changements de notre environnement – que ce soit en termes de culture, de société, ou même d'espace physique.

Exemple : en changeant de ville pour un nouveau travail, vous devez vous adapter à un nouvel environnement social et culturel ; ce qui va vous aider à développer de nouvelles compétences sociales et à rencontrer des gens différents.

Observations et réflexions

La prise de recul sur nos expériences et les observations sur notre environnement nous amènent à réévaluer nos opinions et comportements.

Exemple : en observant comment vos collègues gèrent le stress, vous prenez conscience que vous pouvez améliorer votre propre gestion du stress, en intégrant des pauses méditatives dans votre routine.

Évolution des valeurs et croyances

Avec le temps, nos valeurs et croyances peuvent évoluer, souvent influencées par l'âge, la maturité, ou des événements de vie.

Exemple : à l'approche de la parentalité, vous découvrez l'importance de l'éducation ; ce qui vous pousse à réévaluer vos croyances sur le travail et la vie personnelle, pour trouver un meilleur équilibre.

Nouveaux défis

Faire face à de nouveaux défis ou situations stimule notre capacité d'adaptation et nous pousse à changer.

Exemple : vous décidez de vous lancer dans un marathon ou une compétition sportive ; ce qui vous oblige à développer votre discipline et votre résilience, modifiant ainsi votre approche vis-à-vis de la santé et du bien-être.

Influences culturelles et sociétales

Les tendances culturelles, les mouvements sociaux et le contexte historique façonnent notre identité et nos comportements au fil du temps.

Exemple : en suivant des mouvements sociaux comme le féminisme ou le changement climatique sur les réseaux sociaux, vous êtes amené à adopter des comportements plus responsables, comme réduire votre consommation de plastique.

Santé physique et mentale

Les changements dans notre santé – qu'ils soient temporaires ou permanents – peuvent avoir un impact significatif sur notre mode de vie et notre manière d'interagir.

Exemple : une expérience d'épuisement professionnel vous pousse à prioriser votre santé mentale et à adopter des pratiques telles que la méditation ou le yoga, pour gérer le stress.

Globalisation et technologie

L'accès constant à l'information et aux technologies nouvelles modifie nos interactions et notre perception du monde (nous devenons aussi la somme des contenus que nous consommons le plus !).

Exemple : en vous penchant sur des applications de rencontres, vous apprenez des façons modernes d'aborder les relations ; ce qui transforme votre perception de la romance et des rencontres.

Transitions de vie

Les étapes de la vie – comme l'entrée dans l'âge adulte, le mariage, la maternité/paternité, ou la retraite – entraînent des changements dans nos priorités et modes de vie.

Exemple : devenir parent pour la première fois vous change radicalement, en vous obligeant à réévaluer vos priorités et à développer de nouvelles compétences en matière de gestion du temps.

Rituels et habitudes

La mise en place – ou l'abandon – de certaines habitudes modifie notre quotidien, et donc notre personnalité.

Exemple : vous commencez à instaurer un rituel hebdomadaire de « déconnexion digitale » avec des amis ; ce qui vous aide à créer des connexions plus authentiques et à réduire votre stress.

Mouvements et voyages

Voyager expose à de nouvelles cultures et modes de vie, enrichissant notre perspective et influençant nos habitudes.

Exemple : un voyage en sac à dos à travers plusieurs pays vous offre un aperçu de styles de vie différents, vous incitant à adopter une approche plus durable dans votre vie quotidienne.

Feed-back et critiques

Les retours des autres sur nos actions et comportements nous aident à nous ajuster et à grandir.

Exemple : après une dispute, où votre partenaire vous fait remarquer que vous avez tendance à éviter les conversations sur vos ressentis, vous décidez de travailler sur votre communication. En prenant en compte ses retours, vous commencez à partager plus ouvertement vos émotions ; ce qui non seulement atténue les tensions, mais renforce également votre connexion émotionnelle et votre complicité.

Alors que la culture moderne du dating semble souvent plonger beaucoup d'entre nous dans des dynamiques de confusion et de souffrance, il est temps de se lever, de se casser et de changer le narratif.

La génération Z et les millennials ont entre leurs mains le pouvoir de révolutionner les codes du dating. Oui, nous vivons à une époque où les valeurs semblent inversées, mais nous ne sommes pas ici pour faire de la figuration. Questionner le système qui nous entoure et façonne nos comportements est le premier pas. Prendre part aux évolutions de l'époque est notre devoir. Chacun de nous a la capacité d'initier un changement, de revendiquer des relations basées sur le respect, l'empathie et la réciprocité.

Face aux défis de notre époque, il est essentiel de rappeler que rien ne remplacera jamais le lien humain authentique. L'amour est une force motrice puissante qui donne un sens à notre existence, qui nous pousse à grandir, à rire, à pleurer, à partager et à célébrer la vie ensemble. Il est le cœur battant de nos jours, et la lumière qui nous guide à travers les ténèbres. J'irai même plus loin en disant qu'il est la clé pour améliorer notre société, voire la révolutionner.

Pour amorcer cette révolution, engageons-nous, individuellement et collectivement, à promouvoir des valeurs d'authenticité et de proximité dans nos interactions. Soyons transparents dans nos intentions, cultivons la vulnérabilité et exigeons des conversations significatives. Le respect et la compassion doivent être au centre de toute relation, redonnant ainsi à la rencontre son sens véritable.

Dans le prochain chapitre, nous explorerons ce qui est à notre portée, et comment nous pouvons ancrer ce changement dans notre quotidien, dans notre culture. Je vous propose un code de conduite visant à ériger le bon sens et l'amour en fondements de notre existence. Parce que, après tout, nous avons le devoir de nous battre pour des relations qui nous élèvent et qui nous rendent davantage vivants. Nous avons le devoir de faire entendre notre voix dans cette révolution tant attendue...

CHAPITRE 10

Leçons de vie d'une ex-galérienne de l'amour

Eh bien voilà. Je termine ce livre avec un sourire un peu niais, car vous m'avez suivie jusqu'ici, et cela m'émeut. J'ai encore beaucoup de choses à partager avec vous sur la rencontre, ainsi que sur les forces et sciences sociales à l'œuvre qui sous-tendent la vie et le bon fonctionnement d'un couple. C'est un sujet qui me fascine au plus profond.

Dans le fond, pourquoi ai-je écrit ce livre ?

Après un minimum d'introspection, j'ai compris que je vis comme si j'avais une revanche à prendre sur l'amour. La « faute » à mon modèle parental ? Possible.

Mes parents sont restés mariés jusqu'à la mort de mon père, solidaires et soudés, tout en étant très malheureux et névrotiques[12] ensemble.

C'était un couple mélodramatique, qui n'est pas parvenu à créer de la paix dans le foyer. Nous avons vécu des montagnes russes en permanence, des disputes violentes pratiquement tous les week-ends, avec son lot de traumas.

Sans faire le Calimero, il est vrai que j'en ai énormément souffert, jusqu'à ce que je m'émancipe et quitte le foyer familial le plus tôt possible.

Je m'estime chanceuse, parce que j'ai su ensuite construire l'ensemble de mes relations amoureuses en opposition à ce modèle. Je vous assure qu'il n'y a pas de fatalité dans le domaine de la psychologie humaine.

Mais le couple mélodramatique de mes parents m'a surtout amenée à devenir une obsédée des dynamiques de couple, à les étudier, à écouter et regarder le vivant avec attention. Même chose chez les animaux. Demandez-moi par exemple quelles espèces animales monogames vivent en harmonie avec le même partenaire toute leur vie. Je vous le donne en mille : perruches, manchots, loups, cygnes, castors, pigeons, otaries, termites, etc.

Cette obsession m'a aussi amenée à me demander pendant plusieurs années pourquoi il y a autant de chaos dans nos relations amoureuses.

Prenons encore un petit moment pour réfléchir ensemble : quand on prend le temps d'observer le désordre en nous, est-il si étonnant que l'amour soit si compliqué ?

Nous vivons tous des émotions refoulées, des tensions non résolues (transgénérationnelles incluses). Et ces perturbations – qu'elles soient individuelles ou collectives, conscientes ou inconscientes – finissent inéluctablement par se manifester quelque part : en nous, dans nos relations, puis dans le collectif (et la société tout entière).

Cela peut sembler bateau, dit comme ça (je vous l'ai dit, j'aime bien moi aussi la psychologie de comptoir, çà et là).

Notre défi ? Trouver les termes de notre paix et de notre liberté intérieures.

Aussi, avant que nous nous quittions, j'aimerais vous offrir quelques enseignements bonus.

Quels que soient vos objectifs du moment ou vos souhaits de couple (que vous en ayez ou non), prenez ces derniers partages comme des guidances pour développer une meilleure estime de vous (la base), une plus grande force de caractère (celle qui forge cette capacité à savoir ce que l'on pense vraiment, à exprimer ses émotions avec clarté, à poser ses limites et à faire des choix pragmatiques parfois compliqués mais en alignement avec soi), et un discernement utile dans vos relations. Leçons de vie, nous voilà !

À mes yeux, les relations amoureuses d'aujourd'hui sont à la fois le symptôme des transformations profondes que subit cette force vitale qu'est l'amour, et le reflet d'une culture en mutation (voire en déclin sur certains aspects).

Hélas, ça ne date pas d'aujourd'hui. Déjà en 1983, Gilles Lipovetsky publiait *L'Ère du vide*[13] (en faisant référence à la culture du vide). Le philosophe y décryptait l'avènement d'un individualisme absolu, du triomphe de la société de consommation, et du nivellement vers le bas des valeurs qui avaient, pour lui, mené au grand vide idéologique et moral, qui était déjà constaté à l'époque…

Alors je crois fermement que si nous consacrons notre énergie à être plus authentiques vis-à-vis de nous-mêmes, plus conscients envers ce que nous ressentons, plus responsables et intègres dans nos liens, de bonne foi et animés de bonnes intentions, nous alimenterons plus habilement notre capacité à aimer, nous déploierons nos meilleures compétences, et saurons créer les relations les plus bénéfiques pour nous. Certes, cela ne fera jamais de nous des saints, des modèles de perfection, et encore moins des personnes chiantes à mourir (c'est tout l'inverse qui se produira, même). En bonus : cela pourra contribuer à une culture plus riche, plus vivante, et pourquoi pas à un monde meilleur. Croyons en nos rêves !

Comment avez-vous aimé ?

Sur leur lit d'hôpital, de nombreuses personnes en fin de vie expriment des regrets, principalement au sujet des relations : ne pas avoir consacré assez de temps à leur amour, leur famille, leurs amis ; ne pas avoir assez exprimé leurs sentiments, de la gratitude ou des « je t'aime ». Certains regrettent d'avoir laissé s'éteindre des relations, ou de ne pas avoir noué des relations plus profondes, authentiques ou sincères. D'autres regrettent d'avoir passé trop de temps dans des relations qui ne les rendaient pas heureux, ou qui étaient toxiques, par peur de la solitude ou du changement.

Ne pas avoir été fidèle à soi-même est aussi ce qui revient le plus. Ne pas avoir vécu selon ses propres besoins, attentes, rêves..., mais selon les besoins et attentes des autres.

Je retiens de ces témoignages poignants qu'apprendre chaque jour à cultiver l'amour, se choisir, choisir ensuite un autre que soi, s'engager dans un lien avec son cœur, avec authenticité de manière proactive, en conscience, semble essentiel pour vivre sa vie pleinement, et pour éviter le fardeau des regrets.

Cultiver l'amour à notre époque, c'est réussir à se dégager d'un conformisme – que je trouve – absolument merdique, d'automatismes qui nous ratatinent, d'une culture du vide qui diminue nos aptitudes interpersonnelles, notre énergie de vie, notre santé psychique ainsi que notre rapport à nous-mêmes et au monde. Aux amours, citoyens !

Outre tout ce que nous avons pu balayer ensemble précédemment, voici ce que je préconise de faire toujours plus en conscience au quotidien, pour soi, pour autrui, et surtout pour instaurer une nouvelle donne et devenir chacun à notre échelle des gardes du cœur, ou des savants soldats de l'amour.

Sortez de la passivité et des automatismes morbides

Ciblez, tel un sniper, les nouveaux opiums du peuple : réseaux sociaux, binge-watching, consommation excessive de contenu divertissant. Ne laissez pas ces perfusions numériques vous abêtir et vous anesthésier ! Reprenez le contrôle, établissez des habitudes qui nourrissent votre esprit, votre intelligence et votre âme.

Plutôt que de scroller sans fin, d'ajouter des profils en mode automatique, engagez-vous dans des conversations profondes, soyez curieux de tout, des autres, d'apprendre, explorez de nouveaux horizons, cultivez des passions authentiques.

Et si vous n'avez pas de passion, ou que ce mot ne vous revient pas, dans le fond on s'en fout. L'idée est de trouver tout un tas de choses qui vous font plaisir et vous stimulent, à chaque épisode de votre existence. Vous avez même le droit de tester plein de choses et de changer si ça vous chante.

Sortir de la passivité et du mode automatique est un acte citoyen. C'est reprendre la responsabilité de votre réalité, de vos micro-décisions du quotidien ; c'est être créateur d'interactions nourrissantes et d'une existence plus en conscience. Que ce soit en amour, en famille, en amitié ou dans votre vie au boulot, la proactivité est une compétence cruciale à développer. La vie est trop précieuse (et trop courte) pour suivre, subir, se contenter de... ou être conforme aux attentes du troupeau.

Entourez-vous de personnes qui incarnent vraiment les valeurs que vous admirez

Vous êtes la somme des personnes que vous fréquentez (non, ce n'est pas une quote que j'ai lue sur Instagram). Vos succès, vos choix, vos comportements, vos préférences sont influencés par vos cercles relationnels – que vous en soyez conscient ou non.

Si vous voulez des relations qui comptent, un soutien solide, des discussions qui élèvent, prenez grand soin de votre environnement social. Entourez-vous de ceux qui vous inspirent par leur courage, leur droiture, leur authenticité, leur audace, leur résilience, leur culture, leurs choix de vie... Et pas par leurs photos retouchées, leur nombre de conquêtes, de followers et leurs derniers show-off scénarisés en stories sur Instagram.

Recherchez la compagnie de personnes choisies avec attention et honnêteté intellectuelle ; et surtout pas par habitude ou par défaut. Gardez à l'esprit que vos amis d'enfance peuvent, eux aussi, devenir des boloss, et que la durée d'une relation ne détermine pas sa qualité. Aussi, faites des check-in fréquents sur vos amitiés.

Remettez en question ce que vous considérez comme acquis dans vos relations amicales (l'amitié, c'est aussi de l'amour). Posez les constats nécessaires : « Quelles sont les relations qui me nourrissent vraiment ? », « Y a-t-il des gens que je nomme "amis", et qui, finalement, ne sont que des potes de soirée et de divertissement ? », « Quelle est ma définition de l'amitié, et quels sont mes besoins et attentes dans ces relations ? », « Avec qui ai-je le sentiment d'être à 100 % moi-même, dans toute ma profondeur ? », « Avec qui ai-je le sentiment d'apprendre, d'évoluer ? », « Qui fait juste partie du décor, finalement ? ».

Dédiez votre temps et votre énergie à ceux qui apportent du qualitatif et du concret dans votre vie, qui vous respectent comme vous les respectez, qui vous donnent comme vous leur donnez, qui nourrissent votre esprit et vous poussent à devenir une version plus profonde de vous-même. La réciprocité, vous vous souvenez ? Même combat en amitié.

Ne vous contentez pas de relations qui vous divertissent ou simplement meublent les soirées pour alimenter vos feeds Instagram. Désertez les relations par défaut. À la place, cherchez des liens qui vous élèvent, vous stimulent, et vous challengent.

Ce sont ces personnes-là qui influencent vos décisions, vos ambitions et même probablement la qualité de vos relations amoureuses. Si vous êtes entouré·e de gens qui incarnent des valeurs fortes et authentiques, cela influencera aussi vos postures dans le couple. Vous aspirerez à des relations plus sincères, équilibrées et profondes. À l'inverse, si votre entourage est superficiel, vide, régressif, vos attentes et comportements dans l'amour risquent de l'être aussi. Vous méritez des relations qui vous donnent des ailes, pas celles qui vous retiennent dans la médiocrité ou la superficialité.

Ayez une bonne hygiène intellectuelle, et cultivez l'indépendance d'esprit

Dans une société qui part en vrille, où les opinions fusent et se mélangent dans un tourbillon massif d'informations superficielles, de stéréotypes, il est essentiel de muscler son discernement, d'apprendre à analyser, à argumenter et à débattre.

Refusez d'être un suiveur passif des tendances éphémères et des discours simplistes qui vous entourent. Et surtout fuyez le prêt-à-penser comme la peste !

Développez vos capacités à évaluer les situations. Forgez vos opinions sur la base de vos ressentis.

Alimentez des questionnements et des débats respectueux des avis des autres (en vous intéressant vraiment à ce que les autres ont à vous dire, à vous apprendre). Non, cela ne s'appelle pas du complotisme, mais bien de l'esprit critique !

Ne répétez pas bêtement des opinions toutes faites, par pitié ! Prenez le temps de vous interroger, d'analyser et de remettre en question ce que vous voyez et entendez. Vous avez aussi le droit de ne rien penser de certaines choses – voire de vous en tamponner le coquillard. Parfois même de vous lever et de vous casser.

Limitez votre temps d'exposition aux écrans (tous). Choisissez scrupuleusement ce à quoi vous accordez votre attention et votre temps de vie. À notre époque, l'attention et le temps sont une monnaie d'échange. Apprenez à identifier les « malbouffes intellectuelles », qui vous divertissent certes, mais qui vous font faire du sur-place.

En commençant à faire cela, vous renforcerez non seulement votre autonomie, mais aussi votre capacité à bâtir des relations amoureuses authentiques et significatives. Une perception aiguisée est votre meilleur atout pour faire face aux défis relationnels de notre époque.

Construisez votre propre calendrier

Parce que ça commence à bien faire, ne laissez pas le calendrier imposé par la société dicter vos choix de vie. Nous avons hérité de croyances qui nous emprisonnent, d'idées préconçues sur l'amour, le couple, la réussite et le bonheur. Les attentes et injonctions externes étouffent souvent notre voix intérieure.

On n'en parle pas souvent, mais, en thérapie, j'ai entendu des gens dire des choses dures comme : « Je regrette d'avoir fait un enfant » ou « Si j'avais écouté mes envies, je ne me serais jamais marié avec elle », « J'ai fait ces études sur le conseil de mes parents, et maintenant je suis malheureuse comme les pierres dans cette profession, je n'ose même pas envisager une reconversion à mon âge (35 ans) », « J'ai fait ce sport à haut niveau parce que mon père voulait que je sois un champion. Je me suis senti oppressé et redevable de lui toute ma vie. Maintenant, je paie les pots cassés ».

Ça fait réfléchir, non ?

J'ai aussi vu des personnes de mon entourage obtenir des bac + 6, 7, 8 avec brio, bien avant tous les autres, et chercher durant des années avant de trouver un job qui les satisfasse vraiment. J'en ai vu d'autres abandonner leurs études, pour créer avec détermination leur propre entreprise et gagner beaucoup plus d'argent que les bac + 8.

J'ai connu des gens qui se sont mariés avant tout le monde à 25 ans, certains d'avoir trouvé l'amour de leur vie, puis divorcer peu après avec fracas.

Et puis j'ai connu des gens qui ont connu le grand amour à 40, 48 ou 52 ans, qui ont fondé leur famille, et se sont épanouis pleinement.

Ça montre bien qu'il faut vraiment se poser et se demander ce que l'on veut, sans se laisser influencer par la famille ou la société. Et surtout sans avoir peur de refaire ces check-up fréquemment.

Oui, bien sûr, on ne nous apprend pas à faire cela, je suis au courant. Mais sommes-nous aussi démunis et impuissants que nous le pensons, à notre époque ?

Intégrez que nous n'êtes et ne serez jamais en retard. Prenez le contre-pied, soyez en avance sur votre temps : créez votre couple lorsque vous le désirerez, restez célibataire aussi longtemps que vous en ressentirez l'envie (ou le besoin), mariez-vous si cela résonne en vous. Souhaitez-vous fonder une famille et avoir des enfants ? Faites-en uniquement si c'est un désir personnel, pas une injonction familiale ou sociale.

Apprenez à mieux vous connaître, à vous émanciper de votre socle familial, pour savoir toujours plus ce que vous pensez, voulez, désirez dans le fond. Sortez des raisonnements de surface. Ne laissez pas les attentes des autres décider de votre vie. Chaque choix doit venir de vous et de ce que vous ressentez, de vos propres espoirs, et pas de ce que les autres pensent ou attendent de vous. C'est cela, la liberté véritable.

Notre responsabilité en tant qu'adultes, c'est aussi de discerner nos véritables aspirations et priorités. Et c'est en forgeant votre propre calendrier, à votre rythme, que vous pourrez véritablement vous épanouir.

En cultivant une plus grande conscience de soi, en surmontant les croyances limitantes et en s'affranchissant des attentes sociales, vous serez en mesure de vivre pleinement votre potentiel. De ne pas devenir une meilleure version de vous-même (c'est ciao, l'injonction toxique démodée), mais une version plus authentique et plus épanouie.

Un bon psy, un bon thérapeute ou un bon coach servent également à cela : vous aider à développer votre liberté intérieure.

Dites « non », « stop » et « merde » à ceux qui auraient besoin de l'entendre

Jusqu'à aujourd'hui, il est un fait socialement acceptable de consommer des plans culs à tire-larigot, de ghoster, de tromper, d'avoir des comportements toxiques, de traiter certaines personnes comme nos dépanneuses ou « Netflix du cul » et de ne pas s'excuser. Tandis que nous vivons dans une ère où les souffrances demeurent souvent silencieuses, étouffées par la peur du jugement ou de la banalité ; en plus de ça, il est devenu presque « glorieux » de se déresponsabiliser et d'être un connard ou une connasse.

Aussi, je vous invite à interpeller vos amis et tous vos proches quand ils abusent ou font de la merde. Sans tomber dans la moralisation, exprimez vos ressentis et soyez clair, net, précis. Faites un état des lieux de ce qui se joue sous vos yeux, constatez. Lorsqu'une situation vous semble injuste, incorrecte, irrespectueuse voire dégueulasse, imaginez que l'on fasse vivre cela à votre mère, votre sœur, votre frère..., vous avez capté ? Rire de certaines situations en soirée ou laisser passer des comportements inappropriés peut, à mon avis, donner l'impression que vous les approuvez. Il est essentiel de ne pas rester passif face à des actions que vous jugez inacceptables. Alors, s'il vous plaît, créez une culture où les échanges cash et les moments de vérité sont normalisés. Posez les questions qui fâchent sans vergogne, n'en déplaise. Vous pouvez être garant du bien-être de vos proches, simplement en soulevant des conversations de fond, partout où vous irez.

Grands frères, sœurs, oncles, pères, cousines, tantes et amis : nous sommes tous des piliers de nos communautés. Sortez des *small talks*, soyez à l'affût des préoccupations des uns et des autres, partagez vos propres histoires, engagez-vous à mener des conversations de fond, des échanges significatifs, en toutes occasions. Ouvrez-la !

« Il faut tout un village pour éduquer un enfant[14]. » C'est cet engagement communautaire qui faisait autrefois le liant d'une société, qui semble s'être effiloché au fil du temps, au profit du chacun-chez-soi derrière ses écrans. En avant toutes : c'est un retour à l'engagement communautaire qui nous permettra de construire ensemble un environnement où chacun se sentira écouté, soutenu et compris. Ce n'est qu'en sortant de la passivité et en cultivant des moments de réelle connexion que nous pourrons véritablement briser ce cycle de souffrance. Soyez les initiateurs de ce changement.

Veillez à vos addictions invisibles… et à celles de vos bien-aimés

Les addictions aux écrans, aux réseaux sociaux et au porno ne sont pas seulement « des mauvaises habitudes », ce sont de nouveaux fléaux modernes. Elles surstimulent vos neurotransmetteurs, volent votre énergie et votre temps, façonnent vos perceptions et vous rendent esclaves sans même que vous vous en rendiez compte. Nous sommes la première génération à avoir plongé tête baissée dans ce tsunami digital, sans règles, sans garde-fous. Mais maintenant que nous savons, maintenant que nous avons vu ce que cela fait à nos esprits, à nos relations, à notre bien-être, à notre santé psychique, plus d'excuses ! Nous nous levons le matin, et la première chose que nous touchons, ce n'est pas notre partenaire, ce n'est même pas le sol sous nos pieds, c'est notre téléphone. Nous scrollons comme des zombies. Et plus nous sommes dessus, moins nous sommes présents à nous-mêmes, et présents pour les autres (psychiquement parlant).

Autre chose : observez aussi les addictions silencieuses de vos crushs. Sans juger. Observez comment ils équilibrent leur relation avec leurs écrans, leurs réseaux, leurs habitudes numériques. C'est là que se cachent des indices en début de relation. Parce que si cette personne est constamment happée par son téléphone, si elle se détache de vous à la moindre notification, si elle cherche frénétiquement l'approbation digitale, sachez que ce ne sont pas des détails anodins. C'est un reflet des problématiques que vous devrez potentiellement affronter dans le futur avec elle.

Les études[15] sont claires : l'anxiété, la dépréciation de soi, la comparaison permanente et la dépression parfois… sont la monnaie d'échange de nos heures perdues à chercher la validation à travers les réseaux. Et vous n'êtes pas seul dans ce pétrin, ceux que vous aimez y sont aussi piégés. Alors stop ! Rangez votre smartphone. Passez des soirées entières, voire des week-ends, sans lui. Fixez des règles simples. Parce qu'à chaque fois que vous choisissez le réel plutôt que le digital, vous reprenez du pouvoir sur votre vie, sur vos relations, sur l'amour que vous voulez fabriquer. Bon sang de bonsoir !

Intégrez le concept de finitude

Vous n'avez pas *le temps*. À 25 ans, j'ai compris que tout pouvait s'effondrer d'un instant à l'autre. Mon père est parti, et avec lui l'illusion que demain est garanti. La vie est fragile, c'est une loterie où le pire peut frapper sans prévenir. Mais ce qu'il vous reste de plus précieux, c'est le pouvoir d'être acteur de votre propre histoire, en conscience, chaque jour. Ne laissez pas vos écrans, la peur, le regard des autres, ou la superficialité dicter vos choix. Vivez avec intention, aimez avec intensité. Vous n'avez pas le temps de passer des heures à scroller sur vos réseaux sociaux. Ne reportez pas au lendemain les messages que vous souhaitez envoyer à vos proches. Prenez quelques secondes pour le faire. Ne reportez pas les conversations importantes, faites face, et libérez-vous pragmatiquement des poids et charges que vous portez. Soyez vrai. Soyez proactif. Soyez présent à ce qui est important pour vous. Vous avez le devoir de construire des relations qui comptent, de façonner une existence qui vibre. Parce que, finalement, vous n'avez pas le temps d'en perdre, mais assez pour vivre quelque chose de vrai, de profond, qui donnera du sens à votre existence sur cette planète.

Remettez l'intimité et la pudeur au cœur de vos comportements

Faites de votre intimité un secret-défense.

La pudeur - cette vertu oubliée - est devenue une arme que vous devez reprendre en main. La surenchère du «je montre tout» à tout le monde ne vous rend (hélas) pas plus vivant, pas plus heureux; c'est même tout le contraire. Elle vous dépossède de vos ressentis essentiels, elle vous dissocie des profondeurs de vos émotions, et elle vous pousse à rechercher - voire quémander - l'approbation des autres. Vivez votre meilleure vie, mais faites-le hors des regards avides, des jugements hâtifs et des likes compulsifs.

Vous n'avez pas besoin de l'approbation d'une foule digitale pour exister. Vos moments d'amour et vos «je t'aime» ne sont pas des shows, ce sont des forteresses précieuses. Protégez-les. Chaque moment partagé avec l'autre est sacré, et n'a pas besoin d'être jeté en pâture à des inconnus, ou de devenir la propriété des multinationales affamées de vos données personnelles (si, si, vous avez même donné votre accord pour ça. Vos contenus leur appartiennent).

Venez, on se pose des questions très simples (pas du tout).

Pourquoi exposez-vous ce qui devrait être chéri dans le secret ? Pour impressionner ? Pour prouver quelque chose à votre ex qui stalkerait votre profil ? Pour attirer l'attention ? Pour tenter de vous rassurer sur une relation que vous savez « bancale » dans le fond ? Pour faire comme tout le monde ?

Breaking news: ceux qui postent le plus sur leurs relations sont souvent les plus insécures et/ou insatisfaits. Différentes études américaines récentes[16] soulignent que le besoin de partager des moments de sa vie amoureuse sur les réseaux sociaux peut révéler des insécurités et des frustrations dans son couple.

Préservez votre intimité. Vivez pleinement vos moments, et à huis clos ; ils n'en seront que plus intenses et précieux. Valorisez votre ressenti et votre petite voix, plutôt que les vues. Faites-le pour vous avant tout, pas pour les autres. En réalité, personne n'a besoin de savoir.

Soyez ennuyeux : *boring is the new cool*

Écoutez-moi bien : les vraies joies de la vie dans ce monde de zinzins, c'est de revenir à l'essentiel et aux plaisirs les plus simples. Cuisinez à la maison, déclinez des soirées en boîte, et écourtez certains pots pour traîner en pyjama avec votre bien-aimé(e), buvez des tisanes en amoureux ou entre amis (l'hydratation, c'est important), allez faire le marché en couple avec votre petit panier, limitez votre consommation d'alcool, faites du sport ensemble, regardez des documentaires, apprenez à deux ou à plusieurs, faites des balades dans la nature, exprimez votre affection à vos proches… Là se trouvent les véritables antidotes à ce monde hyperconnecté qui nous épuise, nous abrutit et parfois affecte notre santé mentale.

La douceur de vivre, croyez-moi, se trouve dans ces petites choses ; et c'est ça le nouveau cool. Vous serez surpris de voir à quel point ces moments authentiques dorlotent votre mental et votre bien-être, vous ressourcent, bien plus qu'une nuit passée à se la coller au bar ! Non mais.

Remettez du sacré et des principes dans votre vie

Dans un monde où la superficialité peut prendre le pas sur l'essentiel, rétablir le sacré et les principes dans notre quotidien est une nécessité. Cela signifie redéfinir ce qui compte vraiment pour vous : vos valeurs, vos croyances et vos aspirations. Que ce soit à travers la pratique de la gratitude, la méditation, ou un engagement envers des causes qui résonnent avec votre cœur, ou encore une religion, cultiver un espace sacré dans votre vie vous aide à trouver du sens et une direction. En ancrant vos décisions dans des principes solides, vous pouvez naviguer avec intégrité à travers les défis et les incertitudes du quotidien. Cette démarche vous permettra non seulement de vivre plus authentiquement, mais aussi de bâtir des relations intègres basées sur le respect et la profondeur. Mettez donc de la conscience dans vos choix, et honorez ce qui est véritablement précieux pour vous.

Donner, c'est la clé

Dans chaque relation amoureuse qui vaut vraiment le coup, il y a une vérité qui claque : l'amour grandit quand on donne. Ça dégage : cette culture de consommation et ce fameux « capitalisme amoureux » qui nous pousse à penser d'abord à nos propres intérêts. Rappelons-nous que l'essence même de l'amour, c'est de donner. Et – bingo ! – vous avez même le droit d'attendre la même chose en retour.

Des penseurs comme Kant nous montrent que la vraie moralité passe par notre engagement envers les autres. Investir notre temps, notre écoute et notre affection, ce n'est pas un fardeau, mais bien une des clés du bonheur. Posez-vous de sérieuses questions, si cela vous semble hors de portée.

Quant à Martin Seligman – le gars qui a ouvert la voie à la psychologie positive –, il nous explique que faire du bien aux autres ne fait pas seulement plaisir à eux, ça nous rend heureux nous aussi. On a souvent ce réflexe de croire que le bonheur vient des cadeaux, des compliments, des attentions, alors qu'en réalité c'est en donnant de façon authentique qu'on atteindra cette plénitude que nous cherchons tous.

Quand on switche vers une mentalité du « don », quand on donne de soi, quand on donne de l'amour et que l'on se soucie des besoins de notre partenaire, on construit des liens qui vont bien au-delà du simple désir physique. Chaque geste généreux, peu importe sa taille, nous rapproche de cette joie profonde et de ce sentiment de plénitude qui nous habite tous. Alors que la société nous pousse à consommer des relations comme on bouffe au McDo, pourquoi ne pas choisir de donner ? En modifiant nos postures et nos attentes, nous pouvons créer des connexions qui non seulement embelliront notre vie, lui donneront du sens, mais déclencheront aussi une vraie révolution dans le monde du dating. C'est là, dans cet élan de générosité, que se cache la véritable clé de notre épanouissement collectif.

La liberté n'est pas le libre-échange

La liberté de choisir ses partenaires est certes précieuse, mais attention à ne pas confondre cette liberté avec le fait de « consommer », dans un échange sans valeurs, sans considération pour les émotions des autres.

La liberté n'est pas exempte de contraintes. Attention aux amalgames. La liberté – souvent idéalisée comme l'absence totale de contraintes – cache en réalité des nuances bien plus complexes. Oui, vous pouvez naviguer entre plusieurs profils et vivre des connexions éphémères, mais cela vient avec son pesant de responsabilités. Respecter les émotions d'autrui et être honnête sur vos intentions est essentiel. Apprendre à jongler entre attentes personnelles et besoins des autres, c'est ça, la vraie liberté ! Elle se trouve dans la capacité de ressentir, de respecter et d'interagir avec équité. Évitez de réduire vos rencontres à de simples transactions !

Réfléchissez toujours aux intentions derrière chaque choix ou comportement. Priorisez le respect de soi-même et des autres dans toutes les interactions humaines, quel que soit le canal ; et faites de l'empathie une base, en toutes circonstances. Que vous soyez croyant ou pas, chacun de vous porte un bagage émotionnel et des luttes que vous taisez. Alors par principe et toujours dans le doute : soyez bienveillant. Faites-en une véritable culture.

CONCLUSION

J'espère sincèrement que chacun d'entre vous prendra ce contenu à bras-le-corps. Mon souhait, c'est que vous puissiez y trouver des guidances, des repères, ou au moins quelques pistes pour remettre en question vos propres idées. Au minimum, j'aimerais que cela suscite des débats, des discussions sur l'amour, des échanges entre amis, en famille, entre amoureux, ou même au bureau. Pour moi, ce sont ces petites conversations, ces moments d'échange sans filtre qui peuvent vraiment faire bouger les choses dans cette société, que je trouve bien souvent foireuse et toxique. Nous sommes si nombreux à penser cela.

Mon p'tit cœur humaniste croit profondément qu'il existe en chacun de nous un potentiel immense pour redéfinir complètement la manière dont nous aimons et nous connectons. *Muchachos*, il est temps de revendiquer ce pouvoir et toutes nos capacités. J'en appelle au discernement de chacun, j'appelle à l'action, et vous invite à prendre part à ce qui peut être une révolution des cœurs et des esprits.

À quel point vivre l'amour est-il important pour vous ? Conscientisez-le, verbalisez-le. Dites-le autour de vous. Et posez tout un tas d'actions dans ce sens.

Refusons le *fast-food-love* et embrassons des relations qui ont du sens. Ne soyons pas des consommateurs d'amour, mais des bâtisseurs de liens solides. Nous pouvons être la première génération d'humains à créer un monde plus digne, plus vertueux et plus durable.

Et, à mon goût, il y a mille et une raisons d'être positifs, car il y a de nombreuses choses qui changent à une vitesse folle. Je vois aussi les plus jeunes et ceux qui comprennent le monde dans lequel nous vivons commencer à reprendre le pouvoir sur leurs convictions, leur smartphone et leurs choix de vie ! Et nous avons ce privilège de jouir d'une liberté inédite à l'échelle de l'Histoire...

Intégrons le fait que la véritable liberté commence lorsque nous reconnaissons que chaque décision que nous prenons façonne notre réalité. La liberté que nous désirons est ancrée dans le respect, la responsabilité et l'authenticité. Pas dans l'algorithmie, la performance, la comparaison permanente et l'accumulation (de tout).

C'est pourquoi je crois fort que nos sociétés doivent impérativement intégrer des programmes d'éducation relationnelle dès le plus jeune âge. Des modèles comme ceux de la Suède et des Pays-Bas montrent déjà que l'éducation à la vie relationnelle est un investissement payant : des études de l'Unesco ont mis en évidence le fait que ces programmes améliorent non seulement les compétences sociales, mais diminuent également les comportements agressifs chez les adolescents. Nous devons donner à nos jeunes les outils nécessaires pour développer des relations saines et épanouissantes.

Je me porte volontaire pour travailler avec les établissements scolaires, les médias, les associations afin d'introduire un « curriculum d'éducation relationnelle » en France. Il est temps de fournir aux citoyens les moyens de naviguer dans un monde où l'hyperconnectivité peut souvent mener à la solitude plutôt qu'à l'intimité. En éduquant les jeunes (et moins jeunes) à la communication saine, à l'affirmation de soi et au respect mutuel, nous sèmerons les graines d'une culture relationnelle durable.

En marge de l'éducation, il me semble qu'il en va de la responsabilité de chacun de s'éduquer, de s'informer, et de développer ses capacités d'écoute et de compréhension (la communication sans la véritable écoute et la compréhension n'est rien). Attendre que la société nous serve tout sur un plateau n'est pas vraiment ma conception de la vie d'adulte responsable.

S'en remettre au système et aux autres est le meilleur moyen de se perdre soi. Chacun devrait apprendre, dès le plus jeune âge, que l'on construit sa réalité qu'ensuite on subit. Alors oui, rions, amusons-nous, soyons légers, « lâchons prise »... Mais agissons aussi chacun à notre petite échelle en reprenant le contrôle de notre attention, de nos comportements et de nos automatismes. En sortant des logiques performatives et consuméristes.

Nous sommes arrivés au bout d'un modèle. Ce chapitre de notre histoire n'est pas qu'un défi, c'est un espoir, un manifeste pour l'avenir. Soyez le changement que vous souhaitez voir dans vos interactions, et inspirez les autres à en faire de même, pour un futur aimant que nous méritons tous.

Puisse ce livre avoir provoqué en vous quelques émotions positives, ou mieux de petits déclics, quels qu'ils soient.

Je vous souhaite de rencontrer des êtres qui vous allument l'âme et éveillent en vous l'envie de savourer chaque instant. Car les sentiments de sérénité et de plénitude qui en découlent sont, selon moi, les véritables trésors de l'existence.

PARTIE III

LA FAQ
DE LA ROMANCE
MODERNE

« À 28 ans, je n'ai jamais eu de relation amoureuse sérieuse, et j'ai peu d'amis. »

J'ai 28 ans, et je n'ai jamais eu de relation sérieuse avec un homme, seulement des amourettes de deux ou trois semaines. J'ai du mal à supporter le fait d'avoir quelqu'un dans ma vie, et je me rends compte que je fais tout soit pour mettre fin à toute relation qui est à peu près correcte, soit pour aller vers des hommes qui ne me correspondent pas, pour ensuite me plaindre.

J'ai aussi peur qu'on me trouve totalement insignifiante et horrible ; je m'enferme alors pour me protéger du regard des autres. Le pire, c'est que ça touche aussi mes amitiés, car pendant des années je me suis renfermée sur moi-même, et résultat : j'ai très peu d'amis.

Comment faire pour changer et m'ouvrir aux autres ?

Merci beaucoup pour tout.

Fanny

Chère Fanny,

Je crois que tu sais déjà que ta problématique et ta capacité à t'ouvrir au monde (à l'amour et aux autres) se résoudront d'abord avec la mise en place d'une relation plus apaisée avec toi-même.

Parfois, un traumatisme, une blessure émotionnelle antérieure ou un rapport à soi très précaire peuvent provoquer des comportements d'autosabotage, d'évitement, de repli ou de rejet vis-à-vis des relations amoureuses. Ils sont le résultat de mécanismes de défense contre une ou plusieurs expériences mal digérées.

Différents symptômes peuvent caractériser ce trouble :

- penser qu'on n'est pas digne d'être aimé·e, qu'on ne mérite pas telle ou telle personne ;
- se dévaloriser, se comparer aux autres ;
- rejeter les marques d'affection, ou éprouver un malaise lors de mots doux, de compliments ou de câlins ;
- surconsommer/enchaîner des relations éphémères ;
- éviter d'avoir une intimité relationnelle, de se livrer, ou de développer un lien affectif suivi.

Si tu te reconnais dans au moins quatre points, il y a des chances que tu aies peur d'aimer (dans le jargon psy, on appelle cela la « philophobie »).

En outre, ce rejet de l'autre et de la relation amoureuse apaisée pourrait relever de la théorie de l'attachement (c'est-à-dire le capital d'amour et de confiance accumulé ou entaché pendant l'enfance).

Et s'il se cachait dans ton passé lointain une raison, un souvenir, un événement, un contexte qui t'empêche de croire que tu es digne d'aimer et d'être aimée ?

Le reste de ta vie est devant toi pour te prouver que, probablement, ce n'est qu'un mécanisme de défense, et non un handicap irréversible. Tu peux être heureuse et amoureuse, et tu vas l'être. Bien accompagnée, tu auras toutes les cartes en main pour aimer et être aimée.

L'amitié, c'est de l'amour

Pour rappel : tu n'es pas la seule responsable du développement de tes relations. Pour créer des relations authentiques et nourrissantes, il serait probablement bon de prendre le temps de conscientiser tes émotions, tes valeurs, tes fondamentaux, tes besoins, tes souhaits de vie (hors injonctions familiales et sociétales).

En ce qui concerne les amitiés :

- De quoi as-tu besoin pour ton équilibre ?
- De combien d'ami·e·s ?
- Dans l'idéal, que souhaites-tu partager avec eux, et à quelle fréquence ?

À mon sens, deux ou trois amitiés sincères valent mieux que dix personnes avec qui partager des soirées. Si tu as besoin de plus, peut-être serait-il intéressant de chercher directement des personnes qui font déjà groupe, avec des activités, combats ou passions en commun. Je pense à des associations ou à des activités sportives ou artistiques collectives (danse, volley-ball, poterie, trecks, crossfit, etc.). T'engager dans des activités de groupe te permettrait de partager simplement avec de nouvelles personnes, tout en développant de nouvelles aptitudes et en te challengeant (important pour nourrir l'estime de soi).

Enfin, il me semble fondamental de chérir les amitiés qui comptent pour toi. Elles sont la preuve concrète que tu sais, en réalité, très bien aimer et être aimée (l'amitié, c'est aussi de l'amour).

Warning: l'illusion de la vie sociale et amicale des autres peut donner l'impression qu'autour de toi tout le monde a une vie trépidante, mais je peux t'assurer qu'il n'en est rien. Je reçois en consultation des dizaines de personnes entre 18 et 42 ans qui souffrent de ne pas réussir à créer de réelles amitiés. Certaines tentent de combler le vide ressenti par les sorties, les rencontres éphémères, les soirées alcoolisées..., parfois juste pour avoir quelque chose à poster en story et à raconter à la machine à café le lundi matin.

L'amour que tu te portes

Tu me dis aussi que tu as peur qu'on te trouve insignifiante et horrible: par rapport à qui et à quoi?

Personne ne te juge. La violence avec laquelle tu te regardes est la seule coupable. Tu es victime de ton intransigeance et de tes doutes, sur fond d'estime de toi probablement fragilisée.

Et pour t'ouvrir aux autres avec authenticité et intégrité, je pense qu'il serait idéal de travailler sur ton état d'esprit, définir qui tu es, et visualiser la personne que tu as envie de devenir.

Pour commencer à avancer, je te propose un exercice d'introspection.

Pose-toi dans un lieu calme et confortable, munis-toi d'un carnet et d'un stylo. Puis réponds à ces questions avec le plus de sincérité possible:

- Que désires-tu apprendre ?
- Quels sont les sujets et les causes qui t'intéressent vraiment ?
- Quelles sont les choses qui te font le plus de bien dans la vie ?
- Qu'est-ce qui te donne la sensation d'être vivante ?
- Si tu avais des superpouvoirs, quels traits de caractère souhaiterais-tu faire disparaître demain au réveil ? Et quels traits de caractère souhaiterais-tu faire apparaître ?
- S'il n'existait aucune limite, quels métiers ou activités souhaiterais-tu exercer ?
- Où souhaiterais-tu vivre ? Explique en détail pourquoi.
- Décris la relation amoureuse idéale pour toi : le quotidien, la vie de chacun, les rythmes, les moments de partage, ce que tu veux vivre, voir, ressentir, entendre. Comment voudrais-tu être traitée ? Quels sont les gestes et les détails qui sont importants pour toi ?

Maintenant que tu as posé tes pensées..., pour chacune des réponses qui te tiennent le plus à cœur, écris sur une feuille à part 3 propositions de premiers petits pas possibles, qui te rapprocheraient de la réalisation de tes souhaits.

(Dans quelles actions as-tu envie de t'engager ? Qu'est-ce qui est de ton ressort ? Quand, comment et avec qui vas-tu le faire ? Comment vas-tu t'y prendre ?)

Je te recommande aussi l'ouverture à toi-même, à tes désirs, à tes petits kifs et à la nouveauté au quotidien.

Si tu as envie de sortir, de visiter une expo, d'aller au ciné seule, de télétravailler ou de réviser dans un superbe café, le week-end, en dégustant une délicieuse pâtisserie…, fais-le quand c'est possible pour toi. L'ouverture au monde, c'est aussi rester en mouvement, oser explorer différents endroits, bifurquer, expérimenter la nouveauté un peu plus chaque semaine, sortir de tes petites habitudes… Ancre-toi dans ta vie, hors de chez toi ; et, naturellement, d'autres personnes feront leur apparition et auront envie de partager quelque chose avec toi.

Tu es à un âge où l'on commence à faire les choses pour soi, avec toujours plus de conscience. Le monde t'appartient : explore-le pas à pas, et établis tes priorités.

« Comment se libérer d'une obsession amoureuse ? »

Chère Anissa,

J'ai rencontré un garçon, il y a deux ans. On a partagé une belle connexion, et j'ai développé des sentiments pour lui (que je pensais réciproques, au vu de ses dires). Quand on se voyait, tout se passait bien ; mais après, il disparaissait pendant des semaines. Durant des mois, il a juste liké mes stories Insta, sans pour autant me demander des nouvelles.

Je sais qu'il est passé à autre chose, qu'il a une copine ; mais moi, je reste focalisée sur lui, avec un arrière-goût de relation non aboutie. Je pense encore énormément à lui, même si je l'ai supprimé de mes réseaux.

Je n'arrive pas à le sortir de ma tête. Et le fait de vivre dans la même ville que lui ne m'aide pas : je calcule tous mes faits et gestes au cas où je le croiserais dans la rue. Je ne peux pas sortir sans avoir une boule au ventre… J'aimerais beaucoup pouvoir passer à autre chose, car cela me pourrit la vie et me bloque avec les autres hommes que je peux rencontrer. Dans ma tête, il n'y a que lui qui compte, c'est une obsession.

Merci pour votre réponse…

Camille

Chère Camille,

Cette notion d'obsession est un sujet important, qui revient souvent dans mes consultations. L'obsession est un mécanisme inconscient qui fait partie du processus amoureux. Lors de l'engouement amoureux, il peut être « normal » d'être, en quelque sorte, obsédé·e par l'objet de ses passions. Ça se lisse ensuite tranquillement dans le temps.

En revanche, lorsque l'obsession s'installe dans la durée, elle peut être source de grandes douleurs, d'un sentiment de dépossession de sa vie amoureuse, comme si on n'arrivait plus à agir comme on le voudrait. Elle peut devenir handicapante et bloquer un processus de deuil relationnel.

Ces blocages intérieurs – fréquents chez les protagonistes de relations « inachevées » – relèvent souvent d'une dissonance cognitive que le cerveau a beaucoup de mal à gérer, mais aussi de l'absence de ritualisation de la rupture. Dans des cas plus extrêmes, ils peuvent être la conséquence de schémas d'emprise ou de troubles anxieux.

Quand l'incohérence crée l'obsession

Quand la différence entre ce que tu ressens, pense, vis à l'intérieur de toi et ce qu'il te dit, fait, manifeste est trop flagrante, il y a dissonance cognitive.

Illustration. Quand un homme nous dit : « Tu es une femme extraordinaire », « Tu es la femme de ma vie » ou « Je ne me suis jamais senti aussi bien qu'avec toi », et que dans les faits il disparaît pendant des semaines, ghoste, prend peu de nouvelles ou nous accorde du temps de manière très sporadique, notre cerveau bugue tout naturellement.

Et pour cause : ce genre de schéma induit au cerveau la recherche permanente de sens, de rationalisation et de cohérence, entre ce qu'il ressent, voit, entend et vit. Et, lorsqu'il y a dissonance, la confusion engendre, dans nos états internes, un florilège de mécanismes : culpabilisation (« C'est ma faute », « J'ai peut-être pas fait les choses comme il fallait »), minimisation ou victimisation de l'autre (« Le pauvre, il n'a pas le temps, sa vie est compliquée »). Dans ce genre de contexte, le cerveau autonourrit et autoconstruit l'obsession à travers le prisme de l'inconscient et des filtres de perception confus. Il n'a plus la capacité de poser son regard au bon endroit et d'observer les faits de manière neutre. Cela amène, hélas, souvent à une fragilisation de l'estime de soi.

N.B. : l'incohérence de l'autre est un gros red flag, qui doit être débunké et stoppé.

L'inachevé crée aussi l'obsession

L'humain souffre de parenthèses restées ouvertes, de points de suspension, de points d'interrogation… Tout simplement parce que le cerveau a besoin de points finaux.

Les histoires ou passions avortées et les connexions spéciales et intenses qui n'ont pas eu l'occasion de se développer peuvent créer une forme de sidération, qui va se figer dans le processus de deuil relationnel. Une histoire inachevée peut empêcher le processus de se faire, parce que la fin de la relation n'a pas été marquée, ritualisée ; ce qui amène, une fois de plus, le cerveau à un bug, avec en supplément une sensation de regret, d'incompréhension, de gâchis et d'autoflagellation. On demeure seul·e avec ses interrogations.

Important : la ritualisation de la rupture permet de passer d'une étape à une autre, de séquencer une relation, pour injecter à l'inconscient et au conscient les processus à opérer pour avancer et « archiver le dossier ».

- De quoi aurais-tu besoin pour avancer ? Qu'est-ce qui pourrait t'aider à te libérer de son fantôme ?
- Y a-t-il des questions restées en suspens ?
- As-tu des choses à lui exprimer (des non-dits par exemple, des choses qui t'ont peinée, ou à l'inverse des remerciements pour les super-moments que vous avez passés ensemble) ?
- Est-ce qu'un rendez-vous, une lettre, un mail, une note vocale structurée, une discussion pourraient t'aider dans le processus ?

L'interdiction nourrit l'obsession

Bien souvent, je constate que ce qui nous bloque dans un processus, c'est le manque de permission et les verrous que l'on se met à soi-même.

Partons du principe que la libération ne viendra pas des actes ou dires de l'autre, mais de ta responsabilisation, de ta propre capacité à t'extirper toi-même de la situation de blocage. Dans ce sens, si tu as encore des choses à lui dire, si tu as des questions à lui poser, je t'invite vivement à t'autoriser à le faire, pour nourrir tes besoins avant tout. T'autoriser à proposer, à reprendre contact et à livrer ce que tu portes en toi.

Cet homme ignore probablement tout ce que tu as à lui exprimer (il semble être passé à autre chose), et il y a des chances qu'il accueille tes partages avec simplicité, si tu te fixes pour objectifs de libérer ta charge émotionnelle, de clôturer le dossier et de faire place nette. Si tels sont tes objectifs, tes messages, le ton et la manière de les exprimer ne seront ni du registre du reproche, ni du drama, ni du règlement de comptes. Une discussion saine et responsable est possible. Et, si tu te sens capable et prête à libérer la charge pour aller de l'avant, il se peut que les choses se passent avec une fluidité qui te surprendra et te sera fort bénéfique. Si cela ne suffisait pas, l'aide d'un professionnel peut être un renfort sûr et efficace pour « démécaniser »/dénouer le mental, trouver de nouveaux points de vue et refaire le puzzle de la relation.

Lorsque quelqu'un nous touche profondément, notre cerveau peut faire son deuil – si on lui laisse le temps de vivre ses cycles : le déni, la tristesse, l'abattement, puis la colère (une émotion qui vient réparer/réclamer justice). Et parfois on peut revenir dans le déni et réitérer cette boucle. Cela peut durer un temps. Il convient de l'exprimer, d'y retourner, et d'y aller autant de fois que nécessaire, parce que cela permet au processus de se faire.

S'en sortir pour de bon

Outre la ritualisation que j'évoquais, le processus passe aussi par le corps, et par une nouvelle remise en mouvement.

J'encourage systématiquement à redynamiser sa vie sociale, professionnelle et personnelle. À se remettre dans une dynamique d'exploration et d'apprentissage, pour trouver de nouveaux points de fixation. (Si ta capacité à être obsédée existe quelque part, c'est une aptitude qui peut potentiellement être redirigée ailleurs, notamment vers des projets constructifs pour toi.)

J'ai personnellement surmonté une obsession amoureuse de longue durée en me formant, en faisant évoluer radicalement ma vie professionnelle et sportive. J'ai exploré de nouvelles disciplines, qui ont fait que moins mon obsession avait de place et de temps pour s'exprimer, plus elle diminuait. J'ai fait en sorte de rediriger mon mental, mon corps, mes ressources et mes points forts vers du suffisamment ambitieux et « stressant » (dans le sens « prenant et excitant »), pour absorber une bonne partie de mon énergie. Je me suis créé un nouveau cadre de vie, qui m'a permis d'exprimer de nouvelles obsessions bénéfiques et nourrissantes pour moi. Puis j'ai enfin réussi, grâce à ce processus, à m'ouvrir de nouveau à l'amour. Il m'aura fallu près de trois ans.

Je te rassure : pour chaque personne, la recette et le rythme sont différents. Cela dit, le mécanisme de psychologie comportementale et de reprogrammation sous cette dynamique reste sensiblement le même.

Je pose ça là : et si cette obsession amoureuse parlait de toi et venait mettre la lumière sur d'éventuelles redirections nécessaires dans ta vie ?

- Que désires-tu voir se réaliser dans ta vie ?
- Comment souhaites-tu te réaliser dans la vie ?
- Vers quels projets t'orienterais-tu si tout était possible ?
- Par quoi peux-tu commencer pour aller dans cette direction ?

Prévention : l'obsession et les troubles anxieux. Il existe des obsessions qui ne peuvent être raisonnées, que l'on nomme « névroses obsessionnelles ». Elles ne concernent pas les contextes de dissonance, d'inachevé ou de relations d'emprise. Il s'agit plutôt de voix intérieures, de présences à l'intérieur de soi, qui viennent déposséder d'une existence normale. Il existe différents degrés de névrose obsessionnelle, qui nécessitent une prise en charge par un médecin psychiatre.

« Se remettre en couple aussitôt après une rupture : bonne ou mauvaise idée ? »

Anissa,

J'ai 26 ans, et je remarque que depuis que je suis adolescent j'ai enchaîné couples et amourettes, et pas mal de plans Q sur les applications de rencontres. Je me rends compte qu'après chaque rupture je me remets « en selle » avec une nouvelle personne. Certaines ruptures m'ont fait très mal, mais j'ai l'impression de fuir ce qui me touche, de fuir ce qui me fait du mal. Penses-tu que ce soit une bonne chose de se remettre en couple aussitôt après une rupture ?

David

Merci, David, d'avoir partagé ton ressenti avec tant d'honnêteté. Ta question sur le fait de se remettre en couple immédiatement après une rupture résonne pour beaucoup de personnes ; et il est tout à fait normal de se sentir perdu dans ces moments délicats.

Tout d'abord, il est crucial de reconnaître que chaque rupture est unique et peut provoquer un tourbillon d'émotions. Il est naturel de ressentir le besoin de combler ce vide, surtout après avoir traversé des chagrins et des pertes affectives. Cependant, se précipiter vers une nouvelle relation peut parfois masquer des blessures non cicatrisées ; si bien que l'on peut se retrouver à fuir sa douleur plutôt qu'à la confronter.

Engager une nouvelle relation est une solution rapide, surtout si la solitude devient difficile à supporter. Cela dit, il est important de se poser quelques questions fondamentales :

- Suis-je vraiment prêt à m'engager, ou est-ce que je cherche simplement à apaiser ma peine ?
- Est-ce que cet autre me fait du bien, sans que cela devienne une échappatoire ?

Prendre le temps de traverser sa propre période de deuil est souvent indispensable. C'est une opportunité précieuse pour se reconnecter avec soi-même, redécouvrir ses besoins, et retrouver un équilibre entre son cœur, son esprit et son corps. Cette phase peut sembler difficile, mais elle est essentielle pour guérir et éviter de tomber dans des schémas répétitifs de blessures émotionnelles.

En nous consacrant à nous-mêmes, nous avons la chance de renforcer notre estime personnelle, d'affiner nos valeurs et d'apprendre à nous aimer davantage. Cette introspection permet souvent d'aboutir à des relations plus saines et enrichissantes, quand nous nous ouvrons de nouveau à l'amour.

Si cela te parle, je t'encourage à explorer – éventuellement avec l'aide d'un professionnel – les dynamiques de ton histoire relationnelle. Ce chemin vers la connaissance de soi peut véritablement changer la manière dont tu t'engages à l'avenir.

Rappelle-toi qu'il n'y a pas de mal à prendre le temps qu'il faut. En apprenant à naviguer à travers ta douleur, tu t'offres la possibilité de vivre des relations épanouissantes, fondées sur une véritable connexion intérieure.

« Comment refaire confiance après une rupture amoureuse difficile ? »

Bonjour Anissa,

Après une relation destructrice, il y a quatre ans, je ne fais plus confiance aux hommes, et je n'arrive pas à trouver de stabilité affective. Est-ce que je vais (re)trouver un amoureux (sain) un jour ?

Merci d'avance pour ta réponse.

Manon

Chère Manon,

Une relation destructrice fragilise l'autonomie affective et l'amour-propre. Quand on a été blessé·e, trahi·e, ou abusé·e psychologiquement, cela peut créer de vrais traumatismes et chocs émotionnels violents, dont les séquelles sur le temps long sont souvent sous-estimées.

Même après quatre ans, le plus important reste ta relation avec toi-même, le soin, l'attention et l'amour que tu te portes au quotidien. Car reconstruire la confiance aux autres passe d'abord par la réhabilitation de sa sécurité intérieure.

Je te propose un mouvement introspectif sur mesure, à travailler à l'écrit ou en session avec une personne de ton choix (si possible douée pour le questionnement et l'écoute active). Les objectifs de cet examen de conscience sont les suivants : savoir où tu en es dans ta trajectoire de « rémission », et faire émerger de nouvelles pistes pour continuer à évoluer vers davantage de confiance, pour créer les relations qui te font du bien.

1. Éclairer ta perception de toi-même

Commençons par faire un point pour te réapproprier le sentiment de ton identité, comprendre les fondements de ta conduite et identifier les idéaux de vie vers lesquels tu tends.

- Qui es-tu ? (Exemple : je suis une femme, je suis courageuse, je suis persévérante, je suis loyale, etc. Décris-toi comme si tu parlais de toi à quelqu'un qui veut tout savoir de toi.)
- Quelles sont les valeurs qui t'animent (et quel est ton top 10, dans l'ordre) ?
- Quelles sont tes forces et tes qualités ?
- Qui veux-tu devenir ? (Exemple : je veux être une femme confiante, amoureuse, drôle, good vibes, sereine, ambitieuse, audacieuse, qui prend des décisions, qui pose ses limites et assume, etc.)
- Qu'est ce qui te dynamise, te motive et te fait aller de l'avant, dans ta vie ?
- Que souhaites-tu voir se réaliser dans ta vie, ces trois prochaines années (hors couple) ?

Dans ce premier mouvement introspectif, tu peux commencer à te définir autrement que par le manque ou par ton passé.

2. (Re)définir tes standards de relations

Pour chaque personne, les critères d'une relation saine seront différents. Je te confie les miens, puis t'invite à définir tes propres standards, sous le prisme de tes besoins et de tes valeurs.

Dans une relation saine, selon ma carte du monde :

- On se sent libre d'être soi-même, libre de tout se dire.
- On prend soin les uns des autres : émotionnellement et physiquement. Par l'écoute, l'attention, le soutien…
- On se sent à l'aise, en sécurité. La communication est fluide, sans avoir à se justifier ou à argumenter.
- La réciprocité est au rendez-vous : chacun met la même énergie dans le lien.
- Dans les hauts comme dans les bas, on s'entraide, on se soutient, on est présent, on veille les uns sur les autres.
- On se souhaite le meilleur, et on se réjouit profondément des réussites de l'autre.
- On respecte, chacun, nos modes de vie et de pensée, on est différents, et on ne se juge pas.
- On est 100 % honnête, et on est libre d'exprimer opinions et désaccords.
- Pas un mot plus haut que l'autre, on ne hausse jamais le ton : on se traite toujours avec respect, même quand on n'est pas d'accord ou irrité.
- On fait ce qu'on dit, on tient sa parole et ses engagements.

  - Selon tes valeurs et ta carte du monde, à quoi ressemble une relation « saine » ?
  - Comment devrait se comporter un·e ami·e sain·e ?
  - Même question pour un amoureux (ou une amoureuse) ?

3. Identifier tes stratégies relationnelles

Tu as déjà probablement creusé le sujet, mais il me semble essentiel à la fois d'identifier tes schémas d'attachement, ainsi que les sources, les déclencheurs et les contextes de tes potentielles « difficultés » relationnelles, qui se sont tricotées lors de ton parcours de vie. En thérapie brève, ces compréhensions permettent de travailler sur la reprogrammation de nouvelles stratégies comportementales dites « plus fonctionnelles » ou « plus adaptées ».

- As-tu des problèmes de communication avec tes proches et amis ? Si oui, dans quels contextes et situations surviennent-ils ?
- As-tu tendance à beaucoup donner aux autres (au détriment de toi-même et de ton bien-être, parfois) ?
- Dans quels contextes as-tu identifié des comportements de suradaptation aux autres ? Pour quelles raisons t'es-tu déjà suradaptée à quelqu'un d'autre ? Pour obtenir quoi ? Dans quelle intention ?
- As-tu le sentiment de te conformer aux attentes des autres pour les satisfaire ? Dans quels contextes spécifiques ?
- Quelles frustrations as-tu déjà expérimentées dans tes relations (pro/perso) ? Quels comportements de ta part auraient fait la différence pour arriver à un autre résultat ?

4. Continuer à cautériser tes blessures

Même si nous ne nous sentons pas blessés ou annihilés, certaines blessures continuent de vivre en nous et d'influencer nos comportements. Hélas, s'il n'est pas bien cicatrisé, le passé contamine notre présent.

- À quels niveaux constates-tu des freins, des blocages qui mériteraient d'être travaillés ? (Exemple : ouverture au monde, poser tes limites, exprimer tes besoins...)
- Quels points de douleur ou peurs as-tu identifiés ? Et à quelles étapes de tes relations apparaissent-ils ?
- Quelles sont les croyances que tu as développées, en réaction à cette relation destructrice ?
- Quels sont les comportements que tu aimerais développer chez toi ? (Exemple : plus de tolérance, de tempérance, de sérénité, de flexibilité psychique, etc.)

5. Continuer à être « une bonne mère » pour toi-même

En parallèle de ces conscientisations, je recommanderais d'oser te dévoiler à nouveau, par petites touches, à ton rythme ; de t'autoriser à créer différents types de relations (amicales, professionnelles, ou de simples flirts), avec pour seule attente le plaisir de découvrir. J'appelle cela le mode « bibliothèque humaine ». Dans ce mode, on veille bien évidemment à ce que le respect et la bienveillance soient au rendez-vous de tous ces interstices d'exploration.

- Te donnes-tu la place et l'amplitude d'expérimenter, de trébucher... et de recommencer ?

Ouvrir son cœur à nouveau prend du temps, et se fait aussi par étapes. Je t'apporte tout mon soutien. Sois indulgente avec toi-même.

Par ailleurs, je t'encourage à continuer à tester des activités, des sports et environnement différents, voire inédits. Comme une manière de te donner, de te surprendre, de te développer, d'apprendre en continu sur toi-même, sans rien attendre pour commencer, juste pour le plaisir. Comme pour nourrir inconditionnellement la relation avec ton meilleur compagnon de vie : toi-même.

Enfin, outre le soin apporté aux émotions et aux structures mentales, je pense que tout ce qui peut prendre soin des différents corps qui constituent ton être pourra t'apporter le plus grand bien, et « libérer » la charge inconsciente : massages, soins énergétiques, sophrologie, sport, méditation...

« Comment apprendre à m'affirmer et à dire non ? »

Chère Anissa,

Par peur de blesser ou de froisser, je n'ose jamais dire ce que je pense, ou même ce que je peux ressentir ; que ce soit dans mon couple (c'est ma toute première relation sérieuse), dans ma famille, ou dans mon travail et avec mes amis (ça va encore, j'arrive à m'affirmer un peu plus dans ces deux contextes). J'ai lu, sur les réseaux sociaux, plein de posts autour du fait d'apprendre à dire non, mais je suis bloquée. Comment m'y prendre ?

Merci d'avance.

Roxane

Chère Roxane,

Il est normal d'avoir peur de blesser l'autre, mais il est aussi important de respecter tes propres limites. Voici des conseils et des exemples pour t'aider à traverser ces moments délicats.

1. Reconnaître ton droit à dire non

D'abord, rappelle-toi que, dans toute relation, ton ressenti et tes besoins sont tout aussi valables que ceux de ton partenaire. Dire non n'est pas synonyme de rejet, mais de respect de soi. Chaque fois que tu dis oui à quelque chose qui te pèse, tu dis non à ce qui compte vraiment pour toi.

2. Exprimer tes sentiments avec empathie

Lorsque tu dois refuser quelque chose, le faire avec empathie peut aider à adoucir le message. Voici quelques manières de procéder :

- Éconduire une demande
  Si ton partenaire te demande de faire quelque chose que tu ne veux pas faire, tu peux dire :
  « Je comprends que ce soit important pour toi, mais je ne suis pas à l'aise avec ça. J'espère que tu comprends. »

- Refuser une invitation
  Si ton partenaire souhaite sortir un soir, alors que tu ne te sens pas bien ou que tu préfères rester chez toi, essaie :
  « Je suis vraiment touchée par ton invitation, mais je suis fatiguée, et j'ai besoin d'une soirée tranquille. Peut-on reporter à un autre jour ? »

3. Offrir des alternatives

Dire non n'a pas à être définitif. Proposer une alternative peut montrer que tu tiens à lui (ou à elle), tout en maintenant tes limites.

- Reporter un rendez-vous
  Si vous aviez prévu un week-end, mais que tu as besoin de temps pour toi, tu peux dire :
  « J'ai besoin de temps pour moi, ce week-end. Que dirais-tu de se retrouver la semaine prochaine pour passer du temps ensemble ? Cela me ferait vraiment plaisir. »

4. Utiliser un langage direct et clair

Parfois, il vaut mieux être clair et direct. Cela évite les malentendus et montre que tu es sérieuse.

- Refuser une proposition explicite
  Si ton partenaire te demande de faire quelque chose que tu ne souhaites pas (comme un acte intime dont tu n'as pas envie), tu peux dire :
  « Je ne me sens pas prête pour ça, et j'aimerais que tu respectes ma décision. »

5. Valoriser tes propres besoins

Il est important de prendre soin de toi, même si cela peut être difficile.

- Dire non à une pression sociale
  Si ton partenaire souhaite que tu te joignes à ses amis, mais que cela te met mal à l'aise, tu peux dire :
  « Je préfère ne pas sortir ce soir, je me sens mieux en petit comité. Peut-on rester tranquillement ensemble, ce soir ? »

6. Rester ouverte à la discussion

Dire non peut susciter des interrogations. Sois prête à échanger sur ton ressenti.

- Clarifier tes limites
  Si ton partenaire insiste pour aller à une fête où tu ne te sens pas à l'aise, tu pourrais dire :
  « Je sais que tu as envie d'y aller et que tu veux que j'y participe, mais cela me rend un peu anxieuse. Pourrions-nous discuter de ce qui t'attire dans cette fête et pourquoi c'est important pour toi ? »
  Dire non, dans une relation amoureuse, nécessite un mélange de clarté, d'empathie et d'amour de soi. En te respectant toi-même, tu encourages aussi ton partenaire à faire de même. Souviens-toi qu'une vraie relation est fondée sur la compréhension mutuelle et le respect des aspirations de chacun.
  Prends le temps de t'exercer à dire non dans des petites situations au quotidien. Cela renforcera ta confiance pour des moments plus délicats. N'oublie pas : la communication ouverte et honnête est à la base de toute relation saine. Si tu as besoin de travailler davantage sur ces situations, n'hésite pas à te faire accompagner.

« Pourquoi y a-t-il autant de pervers narcissiques à notre époque ? »

Anissa,

Suis-je la seule à penser qu'il y a des pervers narcissiques partout ? J'ai l'impression qu'on a au moins toutes été une fois victimes de ce genre d'individus. Est-ce propre à l'époque ? Aux plateformes sociales ?

Merci pour votre éclairage.

Julia

Chère Julia, ce terme est sur beaucoup de lèvres (à tort, je pense), autour de nous et sur les réseaux, surtout lorsqu'on parle de comportements manipulateurs dans le cadre des relations amoureuses, amicales ou même professionnelles. Pourtant, il est essentiel de distinguer le véritable trouble de la personnalité narcissique – qui ne concerne que moins de 4 % de la population en France – des comportements souvent qualifiés à tort de « narcissiques » ou « toxiques ». Ou parfois même il s'agit tout simplement de .... ou de .... (remplir par l'insulte qui vous conviendra).

Un terme galvaudé et des amalgames

Le terme *pervers narcissique* est souvent employé dans notre langage courant, mais il ne fait pas consensus au sein de la communauté psycho-scientifique. Beaucoup de professionnels préfèrent parler de « trouble de la personnalité narcissique », décrit par la docteure en psychologie Monique Renard-Kuong comme une forme de mégalomanie, qui reflète une défaillance de l'estime de soi. Cette carence nécessite d'être alimentée par des validations extérieures, poussant la personne à s'entourer d'individus brillants, tout en dénigrant ceux qui ne répondent pas à ses attentes.

Selon le *DSM*[17], environ 6,2 % des Américains souffriraient de ce trouble, avec une prévalence plus marquée chez les hommes. En évoquant des relations compliquées et des comportements toxiques, il est tentant de confondre les pervers narcissiques avec d'autres types de personnalités difficiles, comme les égoïstes ou les impolis. Alors que les pervers narcissiques excellent dans l'art de manipuler les émotions d'autrui en cultivant une image insidieuse d'eux-mêmes, les égoïstes agissent principalement pour leur propre bénéfice sans chercher nécessairement à blesser, et les impolis manquent simplement de bonnes manières.

Des chiffres qui incitent à réfléchir

Des études comme celle de l'université du Michigan en 2010 révèlent une augmentation de 30 % des scores de narcissisme chez les jeunes adultes par rapport aux générations précédentes. Ce constat soulève des questions sur nos interactions sociales. Toutefois, nombreux sont ceux qui sont qualifiés hâtivement de « pervers narcissiques » sans souffrir réellement de ce trouble. Pourquoi existe-t-il autant de confusion ?

Les réseaux sociaux : un miroir déformant

Les réseaux sociaux jouent un rôle prépondérant dans cette dynamique, offrant une plateforme où la quête de validation prend une ampleur démesurée. Une étude de *Psychology Today* a montré que les individus narcissiques passent plus de temps sur ces réseaux, manœuvrant habilement pour capter l'attention des autres, tout en se construisant une existence idéalisée. Ce phénomène est aujourd'hui bien connu.

Le business de l'attention : une compétition fatale

À une époque d'infobésité – où chaque voix cherche à se démarquer –, nous sommes engagés dans une compétition pour attirer l'attention. Cette quête peut inciter certains à adopter des comportements manipulateurs, déterminés à préserver leur image à tout prix. Cela ressemble à un jeu impitoyable où il semble que seules les stratégies agressives garantissent la victoire.

Un monde en mutation : la pression et l'anxiété

Cette montée du narcissisme n'est pas le fruit du hasard. L'Institut de la statistique santé mentale du Québec révèle que 60 % des jeunes adultes ressentent une anxiété liée à leur image et à leurs performances. Dans ce contexte, il n'est pas étonnant que certains individus adoptent des comportements narcissiques, exploitant les faiblesses d'autrui pour rehausser leur propre estime.

Un terme accrocheur mais problématique

Le terme *pervers narcissique* est également devenu un outil marketing pour certains coachs et thérapeutes, exploitant la peur et la confusion pour attirer une clientèle en quête de réponses simples à des problèmes complexes. Cette tendance nuit à notre compréhension collective, réduisant des comportements parfois problématiques à des diagnostics sensationnalistes et entravant une approche éclairée des questions de santé mentale.

La définition clinique du pervers narcissique

Selon le *DSM-5*, un pervers narcissique présente des comportements et des traits qui impactent profondément ses relations. Ces personnalités sont souvent caractérisées par un manque d'empathie, un besoin excessif d'admiration, des comportements manipulateurs, un sentiment de supériorité et une tendance à exploiter les autres. Toutefois, il est essentiel de ne pas réduire ces comportements à un simple désir de nuire. Bien souvent, les pervers narcissiques luttent avec des problématiques d'estime de soi ; et leurs actions compensatoires reflètent des mécanismes de défense élaborés pour cacher leur fragilité intérieure.

En fin de compte, la compréhension des comportements narcissiques et manipulatoires nécessite une approche nuancée, prenant en compte les dynamiques complexes qui sous-tendent ces relations.

« Doit-on avoir peur de l'IA pour le futur de nos relations amoureuses ? »

Chère Anissa,

Pensez-vous que l'IA va apporter quelque chose de bon dans la vie des célibataires qui recherchent l'amour ? Je trouve que les applis de rencontres ont déjà fait du mal à certaines personnes ; alors est-ce que l'IA va aggraver nos problèmes ou les résoudre ? Je vous avoue que j'ai un peu peur. Hâte de savoir ce que vous en pensez.

Merci par avance.

Marco

Cher Marco, merci pour votre question si pertinente et pleine de réflexion. Il est tout à fait naturel de ressentir une certaine appréhension face à l'impact possible de l'IA sur nos vies amoureuses, surtout quand on constate déjà les effets des applications de rencontres sur nos interactions.

Pour répondre à votre question, je crois qu'il est essentiel de voir les outils technologiques et l'IA comme des ressources, plutôt que comme des menaces. Ne pourrait-on pas envisager ces innovations comme de nouveaux compagnons de route (ponctuels) dans notre quête d'amour ? À condition, bien sûr, de les utiliser avec conscience et discernement.

L'enjeu réside avant tout dans notre capacité à affiner nos compétences relationnelles et à mieux nous connaître nous-mêmes. En prenant le temps de le faire, nous serons à même de naviguer adroitement à travers les possibilités qu'offrent ces outils numériques, tout en évitant les pièges de la superficialité. Pour certaines personnes, j'estime que c'est une chance d'avoir à notre disposition des outils qui peuvent faciliter les rencontres. Nous disposons aussi de beaucoup de ressources, d'informations, de livres et de professionnels pour nous permettre de travailler sur notre propre développement personnel, pour continuer à nous poser les bonnes questions, et garder l'esprit clair sur nos comportements et usages.

Il est vrai que l'IA peut analyser des comportements et proposer des recommandations basées sur des données, mais ses capacités à saisir l'étendue et la nuance des émotions humaines restent limitées. Réfléchissons un instant : comment l'IA pourrait-elle appréhender la complexité de nos sentiments, de nos peurs, ou de nos désirs ? C'est là que notre vigilance entre en jeu.

Les applications de rencontres, par exemple, peuvent nous offrir des opportunités nouvelles pour faire des rencontres, mais elles risquent aussi de favoriser des interactions superficielles si nous nous reposons dessus exclusivement. En revanche, si nous cultivons des qualités comme la curiosité, l'authenticité et l'engagement, cela nous permettra d'enrichir nos interactions ; ne penses-tu pas ?

Souviens-toi que les « vraies rencontres » se tissent souvent dans l'ouverture, la surprise et la vulnérabilité. Ces merveilleux moments de partage et de profondeur sont ce qui crée des liens significatifs entre les personnes. Or l'IA n'a pas accès à ce vaste spectre comportemental humain, et elle ne pourra jamais établir ces connexions profondes qui font toute la richesse de nos relations. Elle est complaisante, elle va dans le sens qu'on lui prodigue, et elle a de la conversation ; mais cet outil reste dénué d'âme, de profondeur et de complexité, qui nous challengent et nous aident à développer tout notre panel de compétences relationnelles et émotionnelles.

En fin de compte, la responsabilité de notre épanouissement amoureux repose sur nous-mêmes, sur le développement de nos compétences. Ces aptitudes sont essentielles pour faire des choix éclairés en matière de relations. Peut-être est-ce l'occasion de nous interroger ensemble sur la manière dont nous pouvons continuer à cultiver notre humanité au sein de cette évolution technologique.

« Pourquoi je fonce dans des relations foireuses, malgré les gros red flags évidents ? »

Bonjour Anissa,

J'ai 29 ans, et j'ai l'impression de m'engouffrer dans des relations foireuses coup sur coup, alors que je vois bien les red flags. Pourquoi est-ce que je m'obstine dans ce genre de relations ? Cela vient-il de mon enfance ou d'une faiblesse de ma part ?

Merci pour votre aide.

Anthony

C'est une question très profonde et révélatrice que tu te poses là, cher Anthony, et il est important d'y réfléchir avec bienveillance envers soi-même. Les relations que nous choisissons souvent reflètent des parts de nous-mêmes qui méritent une attention particulière.

D'abord, il serait intéressant de te demander quels besoins émotionnels tu cherches à satisfaire à travers ces relations. Parfois, nous attirons des partenaires qui, d'une certaine manière, correspondent à nos modèles relationnels appris, même s'ils ne sont pas sains. Pourrais-tu explorer ce qui se joue en toi lorsque tu choisissais ces relations, malgré les signaux d'alerte ?

Ensuite, il est essentiel de prendre conscience de notre propre histoire et de notre passé.

- Y a-t-il des schémas répétitifs qui émergent dans tes relations ?
- Combien de fois as-tu été confronté à des comportements similaires ? Et que te disent-ils sur tes préférences inconscientes ou tes attentes en amour ? Les red flags peuvent parfois être difficiles à ignorer, et cela soulève une question clé :

- Quelles croyances ou peurs te poussent-elles à minimiser ces alertes ?
  Par exemple, craindrais-tu d'être seul, ou peut-être cherches-tu à prouver quelque chose à toi-même ou aux autres ? Cette dynamique pourrait aider à éclairer ton processus décisionnel dans les relations que tu maintiens malgré tout.
  Il serait également intéressant de te pencher sur ton niveau d'estime de toi.
- Te sens-tu digne d'une relation respectueuse et épanouissante ?
  Souvent, nos choix relationnels sont liés à notre estime personnelle.
- Quelles sont les histoires que tu te racontes sur ta valeur et sur ce que tu mérites ?
  Enfin, pourrais-tu envisager un moment pour t'arrêter et réfléchir à ce que signifie pour toi une relation saine ?
- Quelles qualités cherches-tu chez une partenaire ?
- Comment te sens-tu dans tes propres relations ?
  Établir des critères clairs et des priorités peut t'aider à mieux naviguer sur l'océan des rencontres.
  Ce cheminement, bien que parfois difficile, peut te permettre de mieux comprendre tes choix, et de favoriser des relations plus saines à l'avenir. N'hésite pas à te donner le temps et l'espace nécessaires pour cette réflexion. Chaque pas vers la connaissance de soi est précieux.

« Comment faire des rencontres sans les applis de rencontres ? »

Chère Anissa,

J'ai 28 ans, et ça fait cinq ans que je papillonne sur les applis, où j'ai fait énormément de rencontres, pour finalement ne jamais trouver la bonne. Pour mon anniversaire, j'ai décidé de toutes les désinstaller et de rencontrer dans la vraie vie. Je ne sais pas encore comment je vais m'y prendre, mais je suis curieux de voir ce que ça va donner. C'est une sorte de dating détox ! À votre avis, comment puis-je faire pour rencontrer sans les applis ?

Merci par avance.

Enzo

C'est une question que beaucoup se posent, et je suis ravie que tu t'y intéresses, cher Enzo.

Alors que nous faisons face à une saturation des connexions superficielles, et à la *dating fatigue*, le monde du dating est sur le point de connaître une révolution attendue, à mon sens. Les applications de rencontres traditionnelles, avec leur défilé interminable de profils, pourraient bientôt céder la place à des approches plus humaines, plus authentiques. Et j'ai le sentiment que ce retour aux sources est en marche. Rien ne se perd, tout se transforme. Voici ce que je pourrais te recommander de tenter :

Plonge dans tes passions, et dans tout ce qui te fait kiffer. Qu'est-ce qui te fait vibrer ? Que ce soit la peinture, le yoga, la danse, la randonnée ou même un cours de cuisine, en te consacrant à ce que tu aimes vraiment, tu auras naturellement l'occasion de croiser des personnes partageant tes centres d'intérêt. Quel atelier ou événement pourrais-tu rejoindre pour faire des rencontres, tout en vivant ta passion ? Quelles nouvelles choses pourrais-tu explorer pour ces prochaines semaines ?

Utilise ton réseau social dans le réel. N'oublie pas que tes amis, ta famille ou tes collègues peuvent être des ressources précieuses. N'hésite pas à leur dire que tu es en quête de nouvelles rencontres ! Qui sait, ils pourront peut-être te présenter quelqu'un de formidable ? À qui pourrais-tu en parler, pour ouvrir cette porte ?

Ose l'inattendu un peu plus chaque jour, chaque semaine. Parfois, la magie opère dans les moments les plus inattendus. Pourquoi ne pas sortir de ta routine habituelle et explorer de nouveaux lieux ? Que dirais-tu d'un café cosy, d'un marché local ou d'un événement culturel ? La curiosité peut vraiment t'apporter des rencontres surprenantes. Faire des choses sur un coup de tête, bifurquer, faire un détour, dire oui à une invitation (alors que tu as la flemme), annuler une soirée beuverie pour aller te promener seul (entre autres) peut parfois déboucher sur des surprises qui changent la trajectoire d'une vie. Je l'ai déjà vécu, alors je recommande vivement.

Engage des conversations sincères partout où tu vas. Quand tu es dans un lieu public, essaie d'engager la conversation avec des inconnus. Ça peut sembler un peu intimidant, mais cela peut aussi être très enrichissant ! Une question simple ou un compliment sincère peuvent ouvrir la voie à un échange intéressant. Quelle approche te semblerait naturelle pour lancer la conversation ?

Assiste à des événements de célibataires, qui sortent de l'ordinaire. J'ai vu que des soirées pitch dating avaient le vent en poupe, ou encore des soirées à la piscine. Il existe aussi des voyages, des week-ends entre célibataires, des trecks, des randos, des retraites... Bref, il y en a pour tous les goûts. Avec quelques mots-clés sur Google, tu pourras trouver des initiatives qui créeront de nouvelles opportunités de rencontre.

Rejoins des groupes ou des associations. Faire partie d'un club ou d'une organisation qui te passionne peut t'apporter non seulement des amis, mais aussi des liens plus profonds. Y a-t-il une cause qui te tient particulièrement à cœur ? Une activité sportive, artistique ou récréative qui te titille ?

Crée des moments conviviaux. Que dirais-tu d'organiser une soirée où chacun pourrait inviter un ami que personne ne connaît ? C'est une belle façon de tisser des liens dans une atmosphère détendue. Quels types d'activités ludiques pourrais-tu envisager pour permettre à toutes ces nouvelles personnes de se croiser ?

Sois toi-même. Lorsque tu engages des discussions, garde en tête d'être authentique. Montrer qui tu es vraiment attire souvent ceux qui cherchent la même chose. Parle de tes bizarreries. Comment pourrais-tu te sentir libre d'exprimer tes pensées et tes émotions, dans ces nouvelles interactions ?

Prends le temps. N'oublie pas que construire des relations de qualité demande un peu de patience. Donne-toi le droit de rencontrer des gens, sans pression, juste pour le plaisir d'échanger. Quelles attentes pourrais-tu avoir pour profiter pleinement de chaque rencontre, sans précipitation ?

En intégrant ces idées et ces comportements dans ton quotidien, tu te donneras la chance d'établir progressivement des connexions authentiques et enrichissantes. Chaque jour peut être une nouvelle occasion de découvrir de nouvelles personnes, en mode « bibliothèque humaine ». Reste ouvert, fais confiance au process, et surtout sois patient.

REMERCIEMENTS

À Jordan, mon petit soleil, ma perruche, ange de ma vie, mon jackpot euromignon, Captain energy : ton sourire et ta lumière me donnent l'énergie de me surpasser, de tout oser et de tout affronter. Grâce à toi, j'arrive enfin à me projeter au-delà d'une semaine dans mes plans de vie. Je te veux à mes côtés POUR TOUT. Oui, je le veux. Merci de faire autant de bien à ma vie. (Un tel niveau de canardise, faut assumer.)

À ma maman, ce petit bout de femme extraordinaire, modèle absolu de courage, de ténacité et de résilience. J'ai forcé ton stérilet pour m'imposer dans ce monde et tu m'as découvert dans ton ventre au cinquième mois. Puisque rien n'arrive sans raison : je serai toujours là pour prendre soin de toi. Merci pour tout ce que tu m'as donné.

À mon père et ma sœur, absents mais toujours si présents... Vous restez mes plus beaux exemples d'intégrité, de noblesse de caractère et d'élégance. Vous me manquez infiniment.

À Mimia, ma grand-mère incroyable qui coule dans mes veines, me guide, me protège (sacré garde du cœur), et à tous mes ancêtres dont l'âme vibre encore en moi.

Et puis… à cette rencontre aussi improbable que magique avec Sophia et Jordan des éditions Trédaniel. Ils ont cru en moi (personne n'est parfait), m'ont ouvert les portes de l'écriture (dans la cour des grands, s'il vous plaît !) et depuis, je fais semblant de savoir ce que je fais, essayant de faire honneur à leur intuition. Merci pour cette aventure de zinzin !

NOTES

Chapitre 1

1 La fonctionnalité « swipe » est une action simple et intuitive où l'utilisateur fait glisser son doigt sur l'écran d'un appareil mobile, généralement de gauche à droite ou de haut en bas, pour effectuer une action spécifique. Dans la vie de tous les jours, le geste de « swipe » est souvent associé à des interactions rapides et à des décisions simples, comme faire défiler des photos sur un téléphone ou une tablette, fermer une notification, etc. Dans une application de rencontres, la fonctionnalité « swipe » est couramment utilisée pour parcourir les profils des autres utilisateurs. L'utilisateur peut faire défiler les profils en effectuant le geste de « swipe » vers la gauche pour rejeter un profil, et vers la droite pour exprimer un intérêt ou un « like ». Ce mécanisme permet de faciliter la sélection des partenaires potentiels en offrant une interaction rapide et visuelle.

2 Concept développé par le sociologue Zygmunt Bauman, qui décrit la nature fluide et précaire des relations amoureuses dans la société contemporaine, caractérisée par des engagements instables et des interactions superficielles. Dans ce paradigme, les relations ne sont plus envisagées comme des liens profonds et durables, mais plutôt comme des connexions temporaires, souvent influencées par des facteurs tels que la consommation, les technologies numériques et l'individualisme croissant. Il illustre comment la modernité a transformé les dynamiques relationnelles, favorisant une approche utilitaire de l'amour, où la recherche de nouveauté et l'accès immédiat à des partenaires potentiels prédominent sur la profondeur émotionnelle et l'engagement.

3 Théorie de l'attachement (Bowlby, 1969) : John Bowlby a proposé que les relations d'attachement, généralement formées dans l'enfance, influencent notre comportement relationnel et notre besoin de proximité. Une attache saine favorise le bien-être émotionnel et psychique.

Recherches sur l'amour et la santé (U.S. National Institute on Aging): des études démontrent que les couples mariés ou en relations stables présentent généralement une meilleure santé physique et mentale, en raison d'un support émotionnel accru.
Études sur le soutien social (Cohen & Wills, 1985): les chercheurs ont trouvé que le soutien social joue un rôle crucial dans la réduction du stress et l'amélioration de la santé. Les relations intimes offrent un soutien émotionnel qui contribue au bien-être général.
La satisfaction relationnelle et le bien-être (Diener & Seligman, 2002): cette étude a montré que les relations interpersonnelles de qualité sont un prédicteur puissant du bonheur et de la satisfaction dans la vie.
Impact du soutien émotionnel sur la santé mentale (Cohen & McKay, 1984): ce travail a mis en avant que le soutien émotionnel d'un partenaire intime aide à gérer le stress et à réduire les niveaux d'anxiété et de dépression.
Études sur l'intimité et la santé (Reis & Shaver, 1988): les chercheurs ont établi que l'intimité émotionnelle dans les relations amoureuses est liée à une plus grande satisfaction de vie et à une meilleure santé mentale.

4 La génération Z (les *zoomers*), ou Gen Z, regroupe généralement les individus nés entre 1997 et 2012, selon de nombreux sociologues et chercheurs en études des générations.

5 La génération Y (les *millennials*) regroupe généralement les individus nés entre 1981 et 1996. Cependant, il est important de noter que les dates exactes peuvent varier légèrement selon les sources.

6 Elizabeth Kivowitz, « Romance or nomance? Adolescents prefer to see less sex, more friendships, platonic relationships on screen », UCLA, October 2023. Ce mot signifie « No-Romance » et se traduit par un rejet de la romance.

7 Les frustrations modernes. Ici, je fais référence à une tendance de plus en plus présente dans notre société moderne, où l'idée même de faire face à des désagréments ou à des déceptions dans les relations – qu'elles soient amoureuses ou amicales – est souvent évitée. Cela s'ancre dans une culture de l'immédiateté, qui valorise la satisfaction instantanée des désirs et des besoins, la logique critériste, l'évitement des émotions et de la douleur… Je développe ces différentes notions dans les prochains chapitres.

8 Dans une étude menée par Badoo, 47 % des gens affirment qu'ils cherchent un·e partenaire à cause de la pression de leurs proches, et non par réelle envie.

9 Étude de l'American Psychological Association (APA): une revue de recherches compilées en 2021 a mis en évidence que les relations interpersonnelles, y compris les relations amoureuses, sont essentielles au soutien émotionnel et social. Les chercheurs ont constaté que les personnes en

couple avaient tendance à mieux gérer le stress et à avoir une santé mentale plus positive, en raison du soutien émotionnel disponible.
Recherche de l'université de Stanford (2021): cette étude a montré que les individus ayant des relations amoureuses enrichissantes avaient des niveaux d'intimité émotionnelle plus élevés, ce qui est directement lié à une augmentation de l'estime de soi. Les résultats révèlent également que la qualité des relations amoureuses influence fortement le sentiment d'appartenance auprès d'une communauté.
Étude sur le bonheur et les relations: un rapport de 2020 mené par le Pew Research Center a conclu que plus de 70% des personnes interrogées estimaient que l'amour et les relations significatives sont cruciaux pour leur bonheur, soulignant encore plus l'impact des connexions amoureuses sur le bien-être général.

10 Betty Friedan, trad.: Yvette Roudy, *La Femme mystifiée*, Belfond, 2019.

Chapitre 2

1 Un «red flag» dans les relations amoureuses désigne un signe d'alerte ou un comportement préoccupant qui peut indiquer des problèmes potentiels dans la relation ou une incompatibilité avec l'autre personne. Ces signes peuvent signaler des comportements abusifs, manipulateurs, ou des manques de respect et de communication.

2 Le terme «body count» fait référence au nombre de partenaires sexuels qu'une personne a eus au cours de sa vie.

3 Le mouvement masculiniste sur les réseaux sociaux est un ensemble de discours et d'activités qui revendiquent les droits et préoccupations des hommes, souvent en réponse extrême aux mouvements féministes, avec des positions perçues comme misogynes ou rétrogrades.

Chapitre 3

1 Surcharge informationnelle dans laquelle on peut se retrouver, face à l'abondance de données disponibles en ligne, rendant difficile le tri et l'analyse des informations pertinentes.

2 L'expression «casual sex» désigne des relations sexuelles sans engagement émotionnel ou romantique, souvent caractérisées par leur nature temporaire et informelle, sans liens affectifs profonds.

3 L'« empowerment » désigne le processus par lequel les individus ou groupes acquièrent les compétences, la confiance et les ressources nécessaires pour prendre le contrôle de leur vie, faire des choix éclairés et influencer les décisions qui les concernent. Cela implique souvent de renforcer l'autonomie, la capacité d'action et la voix des personnes dans divers contextes, qu'il s'agisse de la vie personnelle, professionnelle ou communautaire.

4 La tendance « MeFirst » sur TikTok se concentre sur l'idée d'encourager les utilisateurs à prioriser leur bien-être personnel et à prendre soin d'eux-mêmes avant de s'engager dans des relations ou d'aider les autres.

5 Sur des plateformes comme Instagram, TikTok ou Pinterest, de nombreuses personnes partagent leurs expériences de détox émotionnelle, ainsi que des conseils et des techniques pour aider les autres à entreprendre ce processus. Cela peut inclure des challenges de bien-être, des séances de méditation guidée, ou des partages de journaux de gratitude.

Chapitre 4

1 *L'Arnacœur* est une comédie romantique française, réalisée par Pascal Chaumeil, sortie le 17 mars 2010.

2 L'*auto-gaslighting* est un phénomène où une personne remet en question sa propre perception de la réalité ou ses émotions, souvent en raison de croyances limitantes qu'elle a sur elle-même ou sur l'amour. Par exemple, quelqu'un peut se dire que ses besoins ne sont pas valables ou qu'il ne mérite pas d'être heureux en amour ; ce qui l'amène à minimiser ses sentiments ou à douter de ses propres expériences. En gros, c'est le fait de se convaincre que ses sentiments ou ses pensées ne sont pas légitimes ; ce qui peut nuire à la santé émotionnelle et à la capacité de s'engager dans des relations saines.

3 Les bénéfices cachés (ou secondaires) désignent les avantages involontaires, et souvent inconscients, que l'on retire d'un comportement ou d'une situation, même si cela peut sembler négatif de l'extérieur. Par exemple : quelqu'un qui reste dans une relation toxique peut profiter inconsciemment de la familiarité et de l'attention que lui accorde son partenaire, même si cela implique de la douleur et du stress au quotidien.

4 Le syndrome du sauveur est symbolisé et expliqué par le triangle de Karpman, ou « triangle dramatique ». C'est un modèle de communication qui décrit les rôles dysfonctionnels que les individus peuvent adopter dans des relations conflictuelles. Il contient trois rôles principaux :
1. Le persécuteur : ce rôle est souvent associé à la critique, à la domination ou à la manipulation. Le persécuteur blâme et accable l'autre, renforçant un climat de tension.

2. La victime : la victime se perçoit comme impuissante ou opprimée, recherchant souvent de la sympathie ou de l'attention. Ce rôle entraîne un sentiment de dépendance et un manque d'initiative pour changer la situation.
3. Le sauveur : le sauveur se positionne comme celui qui va « sauver » la victime, souvent au détriment de ses propres besoins. Ce rôle peut renforcer des relations toxiques, car le sauveur maintient la dynamique de dépendance.
Dans ce triangle, les rôles peuvent circuler d'une personne à l'autre, rendant difficile l'évolution vers une communication saine. La prise de conscience de ces dynamiques peut aider à sortir de ce cycle et à établir des relations plus équilibrées et authentiques.

5 Charles Pépin, *La Rencontre : une philosophie*, Allary Éditions, 2021.

6 La systémie, dans le contexte des thérapies brèves systémiques, considère les individus dans le cadre de leurs relations et interactions au sein de systèmes plus larges, tels que la famille, le couple ou d'autres groupes sociaux. Elle vise à comprendre comment les comportements, les problèmes et les dynamiques relationnelles vont au-delà de l'individu, en tenant compte des influences et des interactions entre les membres du système.

7 L'alcool social fait référence à la consommation d'alcool dans des contextes sociaux, où la boisson est utilisée comme un moyen de sociabiliser, de célébrer ou de se détendre avec d'autres personnes.

8 Le non-verbal : c'est toutes les informations un peu plus subtiles contenues dans un échange, qui passent par la gestuelle, les affects, la respiration, les micro-expressions et aussi le silence. Car les mots expriment le fond, alors que les silences et les gestes expriment la forme.

9 Barry Schwartz, dans son livre *The Paradox of Choice*, discute comment une multitude d'options peut mener à une insatisfaction accrue, ce qui peut être appliqué aux relations amoureuses lorsque l'on a plusieurs partenaires.
Des études, comme celles de la sexologue Dr Zhana Vrangalova, sur les relations ouvertes et/ou polyamoureuses, ont mis en lumière les défis émotionnels et la gestion de l'intimité entre plusieurs partenaires.

10 Recherche de l'université de Californie à Berkeley (2019) : cette étude a révélé que les couples qui entreprennent des projets créatifs ensemble, comme l'art ou la musique, ressentent une augmentation des sentiments d'intimité et de satisfaction relationnelle, renforçant leur lien.
Étude publiée dans *The Journal of Marriage and Family* (2021) : les chercheurs ont découvert que sortir de la routine et explorer de nouvelles expériences ensemble, comme des voyages ou des découvertes culturelles, favorise une meilleure communication et une plus grande satisfaction conjugale.

Recherche dans *The Journal of Social and Personal Relationships* (2022): cette étude a examiné comment vivre des expériences nouvelles et stimulantes est associé à une amélioration des interactions affectives des couples et à un accroissement de leur sentiment d'engagement.
Étude menée par l'université de Yale (2023): cette recherche a montré que l'engagement dans des activités inédites ensemble favorise la libération de dopamine et d'ocytocine, améliorant ainsi l'intimité et le bonheur au sein du couple.

11 Étude publiée dans *The Journal of Positive Psychology* (2020): cette recherche a montré que les couples qui expriment régulièrement de la gratitude ressentent une plus grande satisfaction relationnelle et une meilleure qualité de communication. Les résultats suggèrent que la gratitude peut renforcer les liens émotionnels entre partenaires.
Recherche menée par l'université de l'État de l'Utah (2021): ce travail a révélé que les couples qui prennent le temps de se remercier et d'exprimer leur appréciation mutuelle améliorent leur gestion des conflits et leur résilience face aux défis. La gratitude a été associée à une atmosphère relationnelle plus positive.
Étude parue dans *Personal Relationships* (2022): les chercheurs ont trouvé que les pratiques de gratitude dans les relations amoureuses étaient liées à une meilleure intimité émotionnelle et à une diminution des ressentiments. Les participants qui se concentraient sur les aspects positifs de leur partenaire rapportaient un engagement plus profond dans la relation.
Recherche de l'université de Californie, Berkeley (2023): cette étude a examiné comment la gratitude impacte la perception des conflits dans les relations. Les résultats ont montré que, lorsque les partenaires se concentrent sur la gratitude, ils sont mieux équipés pour gérer les désaccords et ressentent une plus grande satisfaction dans leur relation.

12 Un couple névrotique fait référence à une relation dans laquelle les partenaires manifestent des comportements ou des traits de personnalité névrotiques, souvent basés sur l'anxiété, l'instabilité émotionnelle, des conflits fréquents et des modes de communication dysfonctionnels. Les couples névrotiques peuvent se retrouver coincés dans des schémas répétitifs de conflits et de réconciliation, incapable de rompre ce cycle. Ces traits ne sont pas nécessairement fixes et avec du soutien, comme la thérapie de couple, il est possible d'améliorer la dynamique relationnelle.

13 Gilles Lipovetsky, *L'Ère du vide : essais sur l'individualisme contemporain*, Folio, 1989.

14 L'expression « Il faut tout un village pour élever un enfant » provient de la culture africaine, bien qu'elle soit souvent associée plus particulièrement à des réflexions sur l'éducation et le soutien communautaire.

15 Étude de l'université de Pennsylvanie (2018) : cette recherche a examiné l'impact de l'utilisation intensive des réseaux sociaux sur la santé mentale. Elle a révélé que les utilisateurs qui passent plus de temps sur des plateformes sociales présentent des niveaux accrus d'anxiété et de dépression, en raison de la comparaison constante avec les autres.
Recherche publiée dans le *Journal of Affective Disorders* (2021) : cette étude a montré que la comparaison sociale sur les réseaux sociaux est associée à une dépréciation de soi et à des symptômes dépressifs, en particulier chez les jeunes adultes.
Étude de l'université de l'Alberta (2022) : cette étude a examiné les effets de la comparaison sociale sur les réseaux sociaux et a trouvé un lien direct entre le temps passé en ligne, l'anxiété sociale et la satisfaction de soi. Les résultats ont mis en lumière comment la recherche constante de validation par le biais de « likes » et de commentaires peut exacerber les sentiments d'insécurité.
Recherche menée par l'université du Queensland (2023) : cette étude a exploré la relation entre l'utilisation des réseaux sociaux et les problèmes de santé mentale, concluant que l'anxiété liée à l'auto-évaluation et à la comparaison avec les autres est exacerbée par une utilisation prolongée des plateformes sociales.

16 Étude de l'université de Californie, Los Angeles (UCLA) (2021) : cette recherche a examiné les impacts des réseaux sociaux sur la satisfaction relationnelle et a constaté que les couples qui partagent fréquemment leur relation sur ces plateformes sont souvent confrontés à des problèmes d'insécurités et de comparaisons.
Recherche publiée dans le *Journal of Social and Personal Relationships* (2020) : cette étude a exploré les comportements d'affichage des couples sur les réseaux sociaux et a découvert que ceux qui se sentent moins sûrs de leur relation ont tendance à poster davantage pour rechercher validation et approbation sociale.
Étude de l'université de l'État de l'Ohio (2022) : ce travail a révélé que les individus qui partagent intensément des aspects de leur vie amoureuse peuvent avoir des niveaux plus élevés d'anxiété relationnelle et éprouver une insatisfaction face à leurs relations.

17 Le *DSM*, ou *Manuel diagnostique et statistique des troubles mentaux*, est une classification des troubles mentaux publiée par l'American Psychiatric Association (APA). Il est largement utilisé par les professionnels de la santé mentale pour diagnostiquer et traiter les troubles psychologiques. Le *DSM* fournit des critères diagnostiques et des descriptions détaillées des troubles mentaux, facilitant leur identification et leur compréhension. Il est utilisé non seulement pour le diagnostic, mais aussi pour les recherches scientifiques, la formation et la planification de traitements.

Création graphique et mise en pages : Soft Office

Achevé d'imprimer en mars 2025 sur les presses de la SEPEC en France
Numéro d'impression : 27315250203
Dépôt légal : mars 2025

IMPRIM'VERT®

PEFC
10-31-1470

Certifié PEFC
Ce produit est issu de forêts gérées durablement, de sources recyclées et contrôlées
www.pefc-france.org